刘喜民
刘浩然
著

揭秘契丹辽王朝（三）

盛世大辽

内蒙古人民出版社

图书在版编目 (CIP) 数据

揭秘契丹辽王朝.三，盛世大辽／刘喜民，刘浩然著.—呼和浩特：内蒙古人民出版社，2016.4

ISBN 978-7-204-13952-1

Ⅰ.①中… Ⅱ.①刘…②刘… Ⅲ.①中国历史—辽代—通俗读物 Ⅳ.①K246.109

中国版本图书馆 CIP 数据核字（2016）第 077400 号

揭秘契丹辽王朝（三） 盛世大辽

作 者	刘喜民 刘浩然	
责任编辑	马燕茹 王 静 李向东	
封面设计	刘那日苏	
责任校对	卢 炀	
责任印制	王丽燕	
出版发行	内蒙古人民出版社	
地 址	呼和浩特市新城区中山东路 8 号波士名人国际 B 座	
网 址	http：//www.nmgrmcbs.com	
印 刷	内蒙古爱信达教育印务有限责任公司	
开 本	710mm×1000mm 1/16	
印 张	17.5	
字 数	180 千	
版 次	2017 年 1 月第 1 版	
印 次	2017 年 1 月第 1 次印刷	
印 数	1—4000 册	
书 号	ISBN 978-7-204-13952-1/I·2786	
定 价	58.00 元	

如发现印装质量问题，请与我社联系，联系电话：（0471）3946120 3946169

序

    契丹族是中国北方一个古老民族。北魏初年契丹族称始见于史籍（388年）；隋唐之际契丹族崛起于西辽河流域，形成八部联盟；唐末五代时期契丹族以西辽河流域为中心，以赤峰市巴林左旗为首都（辽上京）建立契丹辽王朝（916年）；北宋时期契丹辽王朝称雄东北亚，与中原的北宋形成中国历史上又一南北朝；公元1125年，契丹辽王朝被女真人灭亡；明朝初年契丹人销声匿迹。

    契丹族从出现在世人视野到消亡，在人类历史舞台上活跃1000余年。期间契丹族建立的契丹辽王朝统治中国北疆200余年，创造了举世瞩目的契丹辽文化，对中华民族、中华国家、中华文化乃至世界文明都做出了历史性贡献。但是，契丹辽王朝灭亡后，契丹族逐渐消亡，契丹文字也随之成为"死文字"，契丹族、契丹辽王朝历史也被历史的长河所湮没。

    本来元朝编纂《辽史》116卷，为24史之一，较详细地记述了契丹辽王朝历史，人们通过阅读《辽史》便可了解契丹族、契丹辽王朝历史。但是，由于《辽史》的主人公消亡了，《辽史》自然也就被束之于高阁，即便是有些许流入书市，也多是史学家及研究者案头上的工具书。时至今日，由于世上少有关于契丹辽史方面的通俗读物，人们对契丹人的认知，多是来自杨家将等文学、文艺作品或民间故事。在这些文学、文艺作品及民间故事里，契丹族及其政权又往往被视为"异族"或"外国"，不仅误导了人们对契丹民族的认知，而且给契丹族、契丹辽王朝蒙上了一层"神秘"的面纱。

    近些年来，随着考古发现及历史文化旅游产业的兴起，契丹辽史话题有了一些热度。个别图书市场有了点契丹辽史读物、有的地区召开契丹辽史研讨会议、一些地区还打起了契丹辽文化旅游品牌等等。这是好事，说明消亡数百年的契丹族又引起了人们的关注和兴趣，契丹族、契丹辽王朝历史亦将揭开"神秘"面纱。但是，不可否认，图书市场以契丹辽史研究专著为多，对于普通读者来说味同嚼蜡，契丹辽史研究会议也以专题、个别领域研究为主题，契丹辽文化旅游多停留在宣传上，并无实质性的内容，这些都难以满足普通读者对契丹辽史知识的阅读需求。《揭秘契丹辽王朝》丛书试图在通俗读物方面作一些尝试，以满足广大普通读者的阅读需要。

《揭秘契丹辽王朝》丛书以《辽史》、《契丹国志》、《资治通鉴》、《续资治通鉴》为底本，参阅大量的古今契丹辽史研究资料及考古发现，以今人视角、通俗易懂的故事性语言，揭秘了契丹族源，契丹八部联盟，契丹辽王朝建立、发展、兴盛、衰落、灭亡、契丹人消失等历史，将契丹族和契丹辽王朝历史全方位、多层面地呈现在读者面前。帮助广大普通读者一书在手，就能够阅读完整的契丹族、契丹辽王朝历史。

《揭秘契丹辽王朝》丛书选配契丹辽代遗迹、出土文物、壁画等精美图片，融真实性、知识性、趣味性、完整性、直观性、观赏性于一体，图文并茂，通俗易懂，老少咸宜。使广大读者如欣赏文学作品一般欣赏契丹人、契丹辽王朝历史，品味独具特色的契丹辽文化。

《揭秘契丹辽王朝》丛书是作者30余年来阅读《辽史》及有关契丹辽史研究资料的心得，由于契丹人留给世人的资料非常匮乏，加之作者知识面及阅读范围所限，书中难免有错谬之处，敬请读者指教为盼。

作　者
2016年5月24日于辽上京遗址

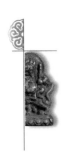

前　言

　　纵观中国2000余年封建社会历程，每个王朝大都经历了建立、兴盛、衰落、灭亡的阶段，契丹辽王朝也不例外。契丹辽王朝存世200余年，历9帝，大体上可以把辽景宗、辽圣宗、辽兴宗及辽道宗朝这前期110余年称为契丹辽王朝兴盛时期。

　　一个王朝盛世的出现有着诸多的因素，与中原王朝相比，契丹辽王朝的兴盛既有共同点，又有其自身特色。

　　一般而言，盛世与明君是相辅相成的，只有明君才能创造兴盛之世。不过，契丹辽王朝盛世要归功于一位伟大的女性——萧燕燕。她17岁开始辅佐丈夫辽景宗处理国政，将辽王朝拉到中兴轨道；她30岁开始摄政，带领儿子辽圣宗治理国家，将辽王朝推向鼎盛；她虽然不是皇帝，却是契丹辽王朝盛世的缔造者，由此奠定了她在中国历史上的著名女政治家、军事家地位。

　　契丹统治者重视和利用汉族知识分子来治理国家，汉族政治集团与辽朝皇族、后族组成契丹政坛三大政治集团，在契丹国家管理和建设中发挥着重要作用，为契丹辽王朝兴盛做出了巨大贡献。

契丹辽王朝100余年盛世期间，中原的州县制与草原的部族制共存，契丹与汉语言文字并行，汉政与蕃制双轨，五京与捺钵同辉，中原文化与草原文化在契丹社会交融出独具特色的契丹辽文化。

契丹辽王朝盛世创造了一个全新的多民族社会制度。契丹等游牧民族与汉、渤海等农耕民族生活在一个政权之下，"因俗而治，各得适宜"，促进了中华各民族间的融合，缩小了中原民族与少数民族间的差距，增强了中华各民族间的认同感，为元、清等多民族统一国家的形成提供了蓝本。

《盛世大辽》从辽景宗朝开篇，向读者全面展示契丹人治国安邦的雄才伟略和开放包容、多元共生的博大胸怀，从而凸显出独具特色的契丹辽文化。

Catalogue

目　录

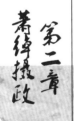

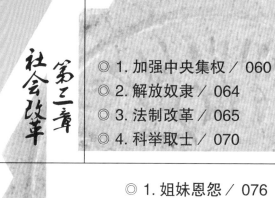
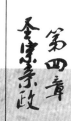

Catalogue

目 录

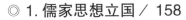

JING ZONG ZHONG XING

第一章 景宗中兴

　　己巳，穆宗遇弑，帝率飞龙使女里、侍中萧思温、南院枢密使高勋率甲骑千人驰赴。黎明，至行在，哭之恸。群臣劝进，遂即皇帝位于枢前。

　　　　　　　　　　　　　　　　　　　　《辽史》

1．穆宗假子

纵观中国封建王朝历史，每个王朝大体上都经历了建立、兴盛、衰落发展周期，契丹辽王朝亦不例外，契丹辽王朝兴盛始自辽景宗朝。

辽景宗，名贤，字贤宁，小字明扆，辽世宗第三子，生于辽天禄二年（948年）七月，母亲怀节皇后萧撒葛只。

辽世宗在火神淀被杀害时（951年9月），耶律贤只有3岁，被厨人用毡子包住，藏于柴草之中，才幸免于难。但是，他在一夜之间失去了父亲（辽世宗）、母亲（怀节皇后）、祖母（耶律倍妻子、辽世宗母亲）等至亲，成为一名孤儿。

辽穆宗虽然生性好杀，但对侄儿耶律贤却是一个例外。或许是无子嗣，或许是怜悯之心之故，他平定叛乱即位后，便将侄儿耶律贤当作自己的儿子抚养起来。就这样，耶律贤在辽穆宗身边

逐渐长大成人。

由于辽穆宗没有子嗣，因此皇位继承早就成为辽廷诸显贵们考虑的问题。经过辽世宗和辽穆宗两朝多起谋反事件的"清洗"，能够继承皇位的人也就不多了。有竞争力的也只有两人，一个是辽穆宗胞弟耶律罨撒葛，一个是辽穆宗假子耶律贤。

可以肯定的是，耶律罨撒葛和耶律贤都很聪明，心里都很清楚自己距离皇权有多远，也都在注视着那把只能坐一个人的龙椅。诸显贵们的脑瓜子也不笨，把"宝"分别押在了这两人身上。这样一来，辽廷在辽穆宗朝形成了两个政治集团。

关于这两个政治集团的主要人物，《辽史》并没有明确记载，但我们可以从史籍零散记载中作一简略疏理。

耶撒葛集团的主要人物有耶律耶撒葛、萧思温、耶律夷腊葛、粘木衮、萧乌里只。

耶律耶撒葛，辽天显九年（934年）出生，辽太宗嫡子、辽穆宗胞弟，母为靖安皇后萧温（生下耶撒葛后便病逝），5岁时封为太平王（939年）。辽太宗、辽世宗两朝无职事，辽穆宗朝代兄长耶律璟处理朝政。

萧思温，乙室已国舅帐小翁帐人，辽太宗女婿（娶太宗皇帝长女吕不古为妻）、辽穆宗姐夫或妹夫、耶撒葛岳父（耶撒葛娶萧思温长女胡辇为妻），辽太宗朝任奚秃里太尉、群牧林牙，辽穆宗朝任南京留守、侍中（相当于宰相）。

耶律夷腊葛，家族情况不详，本是太宗皇帝斡鲁朵中的仆人，与穆宗皇帝和耶撒葛为主仆关系，穆宗皇帝即位后，夷腊葛被调入皇宫担任禁卫军首领，负责皇帝安全保卫工作。《辽史》虽然没有记载夷腊葛是耶撒葛集团成员，但他原来就与耶撒葛为主仆关系，且担任禁卫军首领，负责穆宗及代皇帝处理朝政的罨撒葛的安全保卫工作，显然是罨撒葛政治集团成员，耶律贤即位后，以夷腊葛失职导致穆宗被杀为由将其诛杀。

粘木衮，家族情况不详，辽穆宗朝担任夷离毕，执掌刑狱工作。《辽史》明确记载此人为罨撒葛党人，耶律贤即位后将其诛杀。

萧乌里只，家族情况不详，辽穆宗朝担任左皮室军详稳，辽廷有北、南、左、右四支皮室军，全部为精锐骑兵，为皇帝的护卫部队，详稳为皮室军首领。《辽史》虽然没有记载萧乌里只为罨撒葛集团成员，但他与夷腊葛同时以失职罪被诛杀，显然是罨撒葛集团成员。

耶律贤集团的主要人物有耶律贤、韩匡嗣、女里、高勋、耶律贤适。

耶律贤，辽天禄二年（948年）出生，辽世宗嫡长子，母为怀节皇后萧撒葛只。世宗皇帝被察割杀害时，耶律贤不满4岁（951年），被厨人用毡子包住藏匿在柴草中幸免于难，后被穆宗皇帝养在身边，视为己子。

韩匡嗣，韩知古第三子，韩知古因拥立耶律倍为皇帝被杀，其家族亦受到打击，在辽太宗、辽世宗、辽穆宗三朝没有官居显位者。韩匡嗣虽然在辽太宗朝被授予太祖庙详稳一职，但当时他授此职时只有十几岁，显然只是一个荣誉官享受待遇而已。韩匡嗣在辽穆宗朝被牵涉进李胡谋反案件里，虽然没有被关进监狱，却也没了差事（当时是否有官职或担任什么职官不得而知），赋闲在家。由于韩知古家族是述律平的奴隶，辽世宗在把述律平囚于祖陵的同时，还将其斡鲁朵没收为父亲耶律倍家族所有，韩氏家族由此又成为世宗皇帝家族的奴隶，韩匡嗣由此与同样没有工作的耶律贤走到一起，成为其政治集团成员，与耶律贤经常讨论时政，对辽穆宗嗜酒怠政有所褒贬，就如同当年韩知古对耶律倍的成长有所影响一样，韩匡嗣对耶律贤的成长也有较大的影响。辽乾亨四年（982年），韩匡嗣病逝于辽西南面招讨使任上。韩匡嗣墓葬在今赤峰市巴林左旗境内（辽上京遗址西北100余公里白音罕山下）发现，出土韩匡嗣夫妻及其子孙墓碑10余方，是研究"玉田韩氏"家族及契丹辽王朝历史的珍贵资料。

女里，家族情况不详，本是世宗皇帝斡鲁朵积庆宫中的宫分人（仆人），与耶律贤为主仆关系。辽穆宗朝初期为马群小吏，时值母亲去世，女里辞职回家安葬母亲。据说他在安葬母亲过程中遇到一位奇人，指点他将母亲安葬某处，立即回去复职，将有富贵。女里听信此言，就又回去复职，累迁官为飞龙使，负责为国家饲养战马。耶律贤图谋皇位，网罗人才，以女里曾是父皇（世宗皇帝）斡鲁朵中仆人之故，有意结交其为己用，女里为图富贵自然是愿

意结交耶律贤这样的皇帝候选人，由此成为耶律贤集团成员。

高勋，辽太宗朝末进入契丹（946年），已经在契丹政坛20余年，不仅很会为官之道，而且善于结交权贵，历任南枢密院使、上京留守、南京留守，成为汉臣在辽廷为官者中官职最高、权力最大之人，同时在辽廷上层结了不少裙带关系，与辽廷权贵们的关系搞得相当不错，是耶律贤集团中的重要成员。

耶律贤适，辽天显二年（927年）出生，季父房皇族人，辽太祖二弟剌葛之孙，鲁不古（梁王信宁，太祖朝创制契丹大字之人）之子。自幼爱好读书，颇有大志，但却给人一种玩世不恭的表象。当时人们都认为他没有什么发展，唯有屋质很器重他，认为贤适将来如果被国家所用，将会为百姓造福。或许是贤适一副玩世不恭的表象，造成他在辽太宗、辽世宗两朝并没有什么职任，辽穆宗朝前期也只是在北或南大王院为郎君（北、南大王院中最低一级职官）。辽应历十四年（964年）室韦、乌古诸部反辽，贤适随军出征，为最终平定室韦、乌古诸部叛乱立下大功，提升为右皮室军详稳（967年正月）。

从《辽史》记载来看，贤适是耶律贤集团中重要成员，这可能与其父鲁不古有关系。鲁不古（梁王信宁）因"与帝同谋，逐太后出宫"有功，被辽世宗授予天下兵马大元帅之职，这个职务只有有资格当皇帝的人才能够担任，由此不难看出鲁不古与世宗皇帝的特殊关系。由于世宗皇帝突然被察割杀害，鲁不古不仅没有当成皇帝，而且还有可能被穆宗清除掉。由于父辈的关系，再加上共同的政治取向（耶律贤想在穆宗之后当皇帝，贤适想在穆宗之后有更大的发展），使贤适成为耶律贤政治集团中的重要成员。

贤适是一个处事谨慎、颇有心计的人，他见耶律贤经常与韩匡嗣、女里等在一起议论时政，便劝耶律贤不要与人议论朝廷政事，

以免被穆宗所疑招来灾祸，耶律贤听取了贤适的劝告，由此不被多疑的穆宗所怀疑，两人始终保持着良好的"父子"关系。也就是说，由于贤适的劝告，使耶律贤没有被穆宗抛弃，并最终登上了皇位。

贤适在萧思温被杀后，出任北院枢密使，为辽廷百官之长，是辽景宗朝的股肱之臣、辽王朝走上中兴的首功之臣，辽乾亨二年（980 年）病逝，时年 53 岁，《辽史》称其为"近世之名臣"。贤适五世孙耶律习涅家族墓在今赤峰市巴林左旗境内（辽上京遗址北 100 余公里乌兰达坝小罕山下）发现，出土有耶律习涅墓志，贤适是否葬在此处有待进一步考证。

从以上人员基本情况不难看出，就两个政治集团的核心人物而言，罨撒葛与耶律贤虽然都是已故皇帝的嫡子，都有当皇帝的资格，距离皇位一样远。但就实际情况而言，罨撒葛已经在代替皇帝处理朝政，实际上已经在干皇帝的工作，要想当皇帝只是如何"转正"的问题。耶律贤虽然被穆宗当做作己子，养在身边，但并没有被册封为皇太子，即他并没有取得皇位法定继承人的资格，也没有

什么实质性工作，只是一位王子，要想当皇帝需要自己努力争取。就两个政治集团主要成员来看，罨撒葛集团成员握有兵权和政权，耶律贤集团成员在这方面要远远地逊色于前者。

也就是说，罨撒葛政治集团的实力要明显地高于耶律贤政治集团。但是，任何事物都是发展变化的，特别是如皇权这样至高无上的权力更迭，更是存在着无限的变数。

2.政治交易

面对龙椅，有人能沉住气，有人沉不住气，罨撒葛属于后者，而耶律贤属于前者。

罨撒葛虽然代兄长处理朝政，已经在干皇帝的工作了，可他始终想早一点把"代"字去掉。他在兄长当上皇帝的第三年（953年），便被牵涉进李胡之子耶律宛等人谋反案中，被逮捕入狱。不过，这次谋反案件对罨撒葛的政治前途影响并不是很大，他被关了两个多月便被释放，并仍然得以代兄长处理朝政。罨撒葛也从这次事件中吸取教训，在此后的十多年中，没有再图谋皇位。但是，随着时间的推移、年龄的增长，他还是经不住皇位的诱惑。在穆宗朝后期，罨撒葛找到算命先生，想算一算自己什么时候能够当皇帝。不料，又被人告发，被发配到西北边境戍边。这次事件，使他彻底失去了争夺皇位的机会，因为穆宗皇帝被杀害时，他还在西北边境戍边，由此失去了争夺皇位的机会（从罨撒葛多次图谋皇位来看，他与辽穆宗并非一母即辽太宗第一位皇后萧温所生，有可能是辽太宗第二位皇后萧氏所生）。

耶律贤则比罨撒葛稳重得多，他虽然也看不惯穆宗皇帝酗酒嗜猎的行为，有时也与韩匡嗣、女里等人私下里议论朝政，但能

够掌握度，从不口无遮拦地大放厥词，也没有表现出要夺取皇位的意思。这样的稳重表现，使他与穆宗皇帝保持着正常的、和谐的"父子"关系，从而为最终坐上龙椅奠定了基础。

辽穆宗在黑山行宫被杀时，罨撒葛在西北边境守边，耶律贤在上京，只有两人的部分支持者在现场。罨撒葛集团的主要人物萧思温、耶律夷腊葛、粘木衮、萧乌里只都在现场；耶律贤集团的主要人物女里在现场。可以肯定的是，双方在现场的人员都做出了应对反应—— 立即把辽穆宗被杀的消息通知主人。

这样一来，耶律贤可就占了便宜。上京距离黑山也就几小时的路，而罨撒葛所在的西北边境距离黑山几千里，往返至少需要月余时间。

女里立即返回上京，把穆宗皇帝被弑的消息报告给耶律贤，耶律贤立即与高勋、女里率一千（一说为五百）铁甲兵赶往黑山，并在天亮前赶到目的地，而此时给罨撒葛送信的人员还在路上。

就当时的形势而言，夷腊葛的禁卫军和萧乌里只的左皮室军，要远远地多于耶律贤的一千铁甲兵，双方要是真的动起手来，耶律贤未必能控制住局势。但是，就一件事情而言，当事人在现场和不在现场的情况是截然不同的。由于罨撒葛不在现场，耶律夷腊葛等人自然是不敢贸然对被穆宗皇帝视为己子、亦有当皇帝资格的耶律贤采取什么"越轨"行动的。因此，耶律贤很快就控制

住了局势。

耶律贤虽然控制住了局势，但要想坐上龙椅还必须有人提名他当皇帝。

由于穆宗皇帝生前没有确立皇储，死时也没有指定接班人，因此罨撒葛和耶律贤谁能继承皇位，是需要有人提名的，当然这个提名的人也并非一般的人。

太宗皇帝的提名人是国母述律平，世宗皇帝的提名人是北、南两院大王，穆宗皇帝的提名人是屋质。也就是说，耶律贤要想当上皇帝，还需要有辽廷显贵来提名。

根据《辽史》记载，耶律贤是被萧思温、高勋、女里等人拥立为皇帝的，而根据惯例，汉臣是不得参与立储及皇位继承等重大事项决策的。这三人中，高勋本是汉臣，即便参与了耶律贤即位一事，也并非主谋，而是作了一些说服和争取有关人员的工作；女里不过是一个飞龙使，也是没有权参与拥立皇帝这么重要工作的，他只是率军帮助耶律贤控制住了局势。也就是说，提名耶律贤为皇帝的主要人物是萧思温。

萧思温是二国舅帐之乙室已国舅帐小翁帐人，是开国宰相萧敌鲁（述律平兄长，契丹开国宰相）族侄，是太宗皇帝女婿、穆宗皇帝姐夫或妹夫，是当朝宰相（侍中），当然是有权提名新皇帝人选了。不过，这里还有一个

问题，萧思温本是罨撒葛集团的成员，是罨撒葛的岳丈，怎么会拥立耶律贤为皇帝呢？

关于萧思温在穆宗皇帝被弑、耶律贤即位过程中的行踪，《辽史·萧思温传》载"上射熊而中，思温与夷离毕牙里斯（即粘木衮）等进酒上寿，帝醉还宫。是夜，为庖人斯奴古等所弑"。《辽史·景宗本纪》载"穆宗遇弑，帝率飞龙使女里、侍中萧思温、南院枢密使高勋率甲骑千人驰赴"。也就是说，《辽史·萧思温传》说萧思温在穆宗射熊现场，并陪穆宗饮酒到醉，是夜穆宗被杀；《辽史·景宗本纪》则说萧思温与耶律贤在一起。如此记载，看起来似乎很矛盾，其实也不难理解，那就是萧思温在穆宗遇害现场，耶律贤以兵控制住局势后，萧思温又拥立耶律贤继承了皇位。萧思温这样做，自然有他的政治目的。

萧思温的能力并不是很强，却是一个很会为官之道的人，正是在他担任南京留守期间发生了周世宗柴荣发兵北伐欲收复燕云十六州的战争。当时辽兵诸将强烈要求主动出兵迎击周军的进攻，可萧思温怕承担失败的责任，而一味地请示汇报，把一切责任都推到了穆宗皇

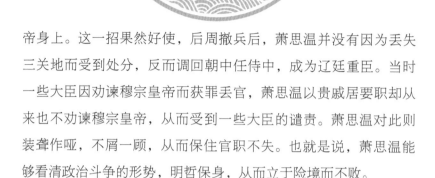

帝身上。这一招果然好使，后周撤兵后，萧思温并没有因为丢失三关地而受到处分，反而调回朝中任侍中，成为辽廷重臣。当时一些大臣因劝谏穆宗皇帝而获罪丢官，萧思温以贵戚居要职却从来也不劝谏穆宗皇帝，从而受到一些大臣的谴责。萧思温对此则装聋作哑，不屑一顾，从而保住官职不失。也就是说，萧思温能够看清政治斗争的形势，明哲保身，从而立于险境而不败。

萧思温是罨撒葛岳丈，如果罨撒葛当上皇帝，那他的大女儿就是皇后，他自己也就成为当朝国丈。但是，萧思温早已看清了形势，耶律贤对皇位势在必得，且以兵控制住了局势，如果自己坚持拥立远在边关的女婿罨撒葛为皇帝，就有可能掉脑袋。因此他灵机一动，与耶律贤做了一桩政治交易——他拥立耶律贤为皇帝，耶律贤娶他的小女儿萧燕燕为皇后。

萧思温没有儿子，只有三个女儿，长女嫁给罨撒葛为妻，二女也已经出嫁，只有三女儿还待字闺中。三个女儿中，他最钟爱

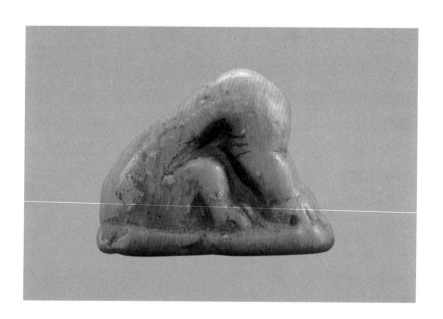

的就是小女儿燕燕，如果小女儿能够入主后宫，当然更符合自己的心意，因此他才想到与耶律贤做一笔政治交易。

耶律贤心里自然也清楚萧思温的权势和地位，以及对于自己继承皇位的重要性。同时他也知道萧燕燕不仅美貌绝伦，而且才智过人，这样的皇后对自己当然也非常有利，于是双方立即达成交易。

耶律贤与萧思温达成政治交易，使原本紧张复杂的局势变得简单化。因为罨撒葛当时不在现场，萧思温自然就成为罨撒葛政治集团中的代表人物，其他成员自然也要看他的眼色行事。当时罨撒葛集团成员手握重兵，却没有采取什么行动，这一方面是因为罨撒葛不在现场，这些人不敢贸然地对也有当皇帝资格的耶律贤动武；一方面就是萧思温发挥了重要作用。

总之，耶律贤与萧思温达成政治交易后，所有的事情都变得程序化了。耶律贤在穆宗皇帝灵柩前大哭一场，在萧思温等人的拥戴下即皇帝位，坐上契丹辽王朝第五把龙椅，是为辽景宗。辽廷皇权又回到耶律倍一支人手中，一直到辽亡。

3．萧思温被杀

辽景宗举行完登基仪式，立即进入角色。一是兑现"政治交易"条款，纳萧思温小女萧燕燕为贵妃，过渡两个月后册封为皇后（969年5月）。二是对罨撒葛集团主要成员动手术，派人到边境诏罨撒葛回朝觐见新皇帝，诛杀禁军首领夷腊葛、左皮室军详稳萧乌古里、夷离毕粘木衮等。三是组阁新政府。

组阁新政府的过程，说白了就是把原来的政治集团合法化加论功行赏。萧思温以功担任北院枢密使兼北府宰相，封魏王；高

勋仍任南院枢密使，封秦王；韩匡嗣出任上京留守；女里加政事令任契丹行宫都部署；耶律贤适加检校太尉，遥授宁江军节度使，赐推忠协力功臣等。

与此同时，为了安抚诸王子，辽景宗一口气晋封了九个王爵，耶律罨撒葛（太宗皇帝嫡子）为齐王、耶律喜隐（李胡之子）为宋王、耶律隆先（耶律倍之子）为平王、耶律稍（耶律倍之子）为吴王、耶律道隐（耶律倍之子）为蜀王、耶律必摄（太宗皇帝庶子）为越王、耶律敌烈（太宗皇帝庶子）为冀王、耶律宛（李胡之子）为卫王、耶律只没（世宗皇帝与甄氏之子）为宁王等。

在这次皇位更迭过程中，萧思温是皇帝耶律贤之外的最大赢家，他不仅成为当朝国丈，而且一跃成为辽廷百官之长，可谓是权势熏天。但是，萧思温能力有限，既无军功，亦无政绩，朝中一些大臣并不服他。不仅如此，萧思温还遭到两部分人的嫉恨，

一是辽景宗原政治集团中的主要人物高勋和女里，一是拔里氏国舅帐少父房。

高勋和女里都是辽景宗原政治集团里的骨干成员，辽景宗在藩邸里，这两人便跟随其左右，出谋划策，出力颇多。穆宗皇帝被弑后，正是女里立即将消息报告给辽景宗，又与高勋一起率兵随辽景宗赶赴黑山控制住了形势，才使辽景宗如愿坐上了龙椅。辽景宗即位皇帝后，对有功人员大加封赏，高勋仍任南院枢密使、晋封秦王，位居南面官之首；女里加政事令、升任契丹行宫都部署，一跃成为辽廷显贵。应该说，这样的封赏也算是不薄，可与萧思温比起来自然还要差着一大截。萧思温不过是临阵换主，因女儿之故位居百官之首，位在高勋、女里二人之上，两人心里自然不服，于是与拔里氏国舅帐少父房联合起来，想除掉萧思温。

拔里氏国舅帐少父房嫉恨萧思温，原因也很简单，那就是萧思温家族抢了他们的后宫之权。

关于萧思温家族族源，是目前学界探讨的一个话题。《辽史·萧思温传》载，萧思温是契丹开国宰相萧敌鲁（述律平异父同母兄长）族弟萧忽没里之子，即他是乙室已国舅帐人（本书采纳这一观点）。《辽史》载萧思温为拔里氏国舅帐大父房人。目前学界对萧思温家族族源观点不一，一说萧思温为乙室已氏国舅帐人，但出自大翁帐还是小翁帐仍有分歧；一说萧思温为拔里氏国舅帐人，但出自大父房还是少父房亦有分歧。

《辽史·萧思温传》载萧思温"保宁初，为北院枢密使，兼北府宰相，仍命世预其选"。也就是说，萧思温是其家族担任北府宰相第一人。而契丹建国后，拔里氏国舅帐大父房有萧室鲁、少父房有萧阿古只，乙室已国舅大翁帐有萧敌鲁担任过北府宰相，这几个家族都获得了世选北府宰相的特权，由此也可以旁证萧思

温并非拔里氏国舅帐大、少父房和乙室已国舅大翁房人，应是乙室已氏国舅小翁帐人。

总之，在没有文献或出土墓志等资料证明萧思温家族确切族源情况之前，应当以《辽史·萧思温传》为准，即萧思温是萧敌鲁族侄，出自乙室已氏国舅小翁帐（萧敌鲁家支为大翁帐）。

契丹辽王朝前四任皇帝的皇后均出自开国皇后述律平家族。从父系及血缘关系上来划分，述律平为拔里氏国舅帐少父房人。太宗皇帝有两个皇后，第一个皇后萧温（述律平异父同母兄长萧室鲁之女）是拔里氏国舅帐大父房人，第二个皇后萧氏（述律平异父同母兄长萧敌鲁之女）是乙室已氏国舅大翁帐人。世宗皇帝萧撒葛只（述律平胞弟萧阿古只之子）为拔里氏国舅帐少父房人。穆宗皇后萧氏家族情况不详，但萧氏是穆宗在藩邸时纳为妃，时太宗皇帝当政，述律平当家，她自然是要将自家侄女嫁给皇位继承人穆宗为妃，以便将来册为皇后，同时，穆宗朝北府宰相萧海璃，与辽世宗皇后萧撒葛只兄长萧海贞（萧阿古只之子，在穆宗朝与汉臣李浣谋反）的名字中都有"海"字，当为兄弟行，即穆宗皇后萧氏极有可能是拔里氏国舅帐少父房人。

从二国舅帐四房的族源来看，只有乙室已氏国舅小翁帐与述律平没有血缘关系，因此辽廷前四任皇帝的皇后中没有小翁帐人。萧思温出自乙室已小翁帐，其小女萧燕燕入主后宫，自然就是乙室已国舅小翁帐抢占了拔里氏国舅帐的后宫之权，他们自然是不甘心了。

高勋在契丹为官20余年，对辽廷皇族与后族的关系非常清楚，自然也清楚二国舅帐四房之间的利害关系，因此才联络拔里氏国舅帐少父房除掉萧思温。

辽保宁二年（970年）五月，即辽景宗刚刚当上皇帝一年又三

个月，萧思温在陪伴皇帝辽景宗从东京（今辽宁省辽阳市）返回上京途经医巫闾山时被"盗"杀害。

这里的"盗"，或是强盗或是窃贼，也就是说，凶手打扮成劫路的强盗或偷窃人员将萧思温杀害。不过，不管"盗"是什么人，他们攻击的是皇帝的队伍，而只杀死了萧思温，说明这是一起有预谋的行刺行动。四个月后，凶手萧海只、萧海里、萧神睹等三兄弟被缉拿归案。

《辽史》称萧海只三兄弟为国舅，说明三兄弟的姐或妹们是皇后或贵妃，这有三种情况，一是萧海只三兄弟是世宗朝国舅，即他们是世宗皇后的兄弟，亦即是拔里氏国舅少父房人；二是萧海只三兄弟是穆宗朝国舅，即他们是穆宗皇后兄弟，亦即是拔里氏国舅帐人；三是萧海只三兄弟是景宗朝国舅，因皇后萧燕燕没有兄弟，因此他们是辽景宗正室妻子兄弟。

辽景宗即皇帝位时已经 22 岁，按照契丹人早婚习俗，早已娶妻或生子，按照惯例他的正室妻子应当是母亲萧撒葛只娘家侄女，即拔里氏国舅少父房人。

从凶手萧海只兄弟与世宗皇帝小舅子萧海贞、穆宗朝北府宰相萧海璃名字中都有"海"字来分析，他们当为兄弟行，即都是拔里氏国舅少父房人，他们的姐或妹们在世宗朝或穆宗朝

为皇后，又是辽景宗的正室妻子，也有当皇后的资格。也就是说，萧思温案件是高勋、女里与拔里氏国舅少父房联手作案。

萧思温、高勋、女里三人是辽景宗当上皇帝的首功之臣，这起案件显然是辽景宗新政府的一次内讧。也就是说，辽景宗新组阁的政府刚刚运转一年多一点便遭遇了权力危机。

4. 萧家有女初长成

萧燕燕，名绰，小字燕燕，出生于辽应历三年（953年），父亲萧思温，母亲史籍不载（因萧思温娶辽太宗长女吕不古为妻，故有研究资料认为萧燕燕母亲为辽太宗长女吕不古，此说是否正确，尚需进一步考证），自小就表现出与众不同的气质。相传萧思温曾观察三个女儿扫地，见小女儿燕燕扫得既认真又干净，于

是断言道：此女必能成家。此事是否属实，不得而知，不过萧燕燕就是民间故事《杨家将演义》中的萧太后，是契丹辽王朝历史上乃至中国历史上杰出的女政治家、军事家，正是她将契丹辽王朝推向鼎盛，从而改变了当时中国的南北格局。

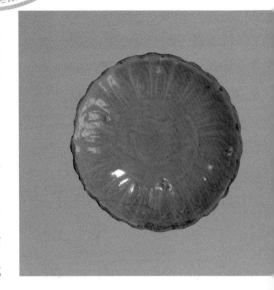

辽景宗即位后，将只有 16 岁的萧燕燕纳入宫中为贵妃，过渡两个月后，又册封为皇后。萧燕燕就这样，以政治交易品的形式入主后宫，从此步入政坛，开始了她 40 年的政治生涯。不过，她没有想到所遇到的第一个政治问题就是父亲被杀害。

从萧思温被杀案件的进程来看，随着萧海只三兄弟被缉拿归案，高勋、女里作为这起谋杀案件的主谋自然也都浮出水面，那么如何来处理这起案件呢？

俗话说，杀父之仇不共戴天。对于一般人来说，杀父之仇是一定要报的，而且是越早报越快报越好。但这是一般人的思维，对于政治家来说，政治永远是第一位的。此时的萧燕燕虽然刚刚入主后宫一年时间，虽然还不满 17 岁，但却已经显示出一名政治家的超人睿智。

萧思温被杀案件有其特殊性。一方面，高勋、女里参与杀害萧思温案件，并非针对辽景宗和皇后萧燕燕，也不是针对皇权，而是出于对萧思温的嫉妒，如果将二人处死，不免有公报私仇之嫌（即皇后萧燕燕为了给父亲报仇，而处死了高勋和女里）。另一方面，辽景宗主要是依靠萧思温、高勋、女里三人之力才坐上

龙椅的，当上皇帝后自然也要靠这几人来巩固皇权。如今萧思温已经被杀，如果再将其他两人处死，无异于自去臂膀，有可能给政敌喜撒葛以可乘之机，从而使自己的皇权受到威胁。

萧燕燕自然明白这其中的利害关系，在是保丈夫的皇权，还是报父仇的问题上，毅然决然地选择了前者，从而化解了辽廷一次权力危机。

这起案件的处理结果是：凶手萧海只三兄弟被处死，高勋、女里两人与此案

无关。

萧思温被杀案件就这样低调地结案了。当然，最大的受益者是辽廷皇帝。辽景宗通过这起案件，不仅抓住了高勋、女里的死穴（即如果两人不听话，随时可以被处死，八年后，耶律贤与萧燕燕掌控住辽廷局势后，将两人一起处死），使这两人死心塌地为自己卖力，巩固了皇权，而且为萧燕燕提供了施展政治才干的舞台。

辽景宗虽然在父母被害时幸免于难，可由于过度惊吓落下一种疯疾，类似于羊角风病，随着年龄的增长，病情也越来越厉害，

病重时连马都不能骑。在这种情况下，朝政只好委托岳父萧思温来处理。萧思温被杀后，萧燕燕自然也就充当了这一角色。从此，她从后宫走到前庭，开始帮助丈夫处理朝政，有了发挥政治才干的更大空间。

夫妻两人同心协力，改革弊政，励精图治，使契丹辽王朝出现了中兴景象。国策之一便是实施人才战略，使一批新人脱颖而出，成为辽廷的栋梁之材。这其中既有契丹人耶律贤适、耶律休哥、耶律斜轸，也有汉族知识分子韩匡嗣、韩德让、室昉、郭袭。

耶律贤适，萧思温被害后出任北院枢密使，成为辽廷百官之长，他为人诚实，勤政干练，纠正了许多前朝弊端，使辽廷各级政府机关工作走上正轨，为契丹辽王朝中兴奠定了基础。

耶律休哥，辽太祖三伯父于越释鲁之孙，在穆宗朝末出任惕隐，辽景宗朝升任北院大王、拜于越，契丹族著名军事家。正是由于

他的存在，使辽在与宋的军事交锋中终始掌握着主动权。

　　耶律斜轸，于越曷鲁之孙，契丹族著名政治家、军事家，在穆宗朝没有什么职任，辽景宗朝出任南院大王、北枢密院副使，不仅在辽宋南京之战中发挥了重要作用，更主要的是在辽景宗病逝、辽廷危急时刻，帮助萧燕燕母子稳住了政局，进而把契丹辽王朝推向鼎盛。

　　韩匡嗣，穆宗朝并没有什么职任，由于与辽景宗关系密切，辽景宗即位后出任上京留守、南京留守，封燕王。韩匡嗣的能力不是太强，但由于他的关系，韩氏家族人在辽景宗朝纷纷出仕为官，发展成辽廷中最大的汉族世家大族，并成为与耶律氏皇族、萧氏

后族不相上下的、维护皇权的第三股政治势力。

韩德让，韩匡嗣第四子，曾与萧燕燕有婚约（据宋人史料）。萧燕燕嫁进宫里后，两人并没有翻脸，而是仍然相互眷恋着。在这种爱情力量的作用下，韩德让仕途一路绿灯，至辽景宗朝末官至南院枢密使，成为南面官中的最高行政长官。当然，韩德让的官职与他对辽廷的贡献是相称的。如果把萧燕燕比作红花，韩德让则就是绿叶，正是两人的强强联手，把契丹辽王朝推向了鼎盛。

室昉，太宗朝通过科举考试在辽廷出仕为官，穆宗朝官至翰林学士，辽景宗朝历任政事舍人、南京副留守、工部尚书、枢密院副使、参知政事、南院枢密使兼北府宰相。北府宰相一职，自契丹遥辇氏联盟建立以来的 200 多年间，始终都是由契丹显贵（遥辇联盟时主要是汗后之族，契丹建国后主要是二国舅帐族）来担任的，室昉担任北府宰相，不仅是汉族第一人，而且打破了契丹显贵对这一官职的垄断，由此不难看出辽景宗与萧燕燕不拘一格使用人才的力度。

郭袭，汉族知识分子，穆宗朝一直在地方上任职，没有什么太大的名声，辽景宗朝代高勋为南院枢密使，是终辽一世屈指可数的几位谏臣之一。

之所以把以上几人简介一下，主要因为这几人不仅是在辽景宗朝提拔重用起来的，而且是辽景宗朝至萧燕燕摄政 40 年间辽廷的股肱之臣。这 40 年正是契丹辽王朝由中兴到鼎盛时期，这几人自然是功不可没。

契丹辽王朝自辽景宗朝开始出现中兴景象，这与辽景宗与萧燕燕重视提拔使用人才是分不开的。这里面既有皇帝耶律贤善于识人用人的一面，更离不开皇后萧燕燕的贡献。或许正是因为此故，辽景宗在即位的第七年（976 年），下诏给史馆学士（记录皇

帝言行之官），在记录皇后萧燕燕言行时也要用"朕"和"予"。这一方面表明辽景宗已经把朝政放心地交给皇后萧燕燕处理，另一方面也表明萧燕燕已经成为辽廷的实际掌门人。

02

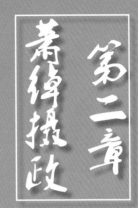

四年秋九月壬子，景宗崩。癸丑，即皇帝位于枢前，时年十二。皇后奉遗诏摄政，诏谕诸道。

《辽史》

1. 政治联姻

辽景宗病逝后，皇后萧燕燕在韩德让、耶律斜轸等人的辅佐下，将长子耶律隆绪扶上皇位，是为辽圣宗。萧燕燕则以皇太后身份摄政，史称承天皇太后，契丹辽王朝自此进入萧燕燕摄政时期。

就当时的形势而言，并不容乐观。用萧燕燕自己的话来说，辽廷"母寡子弱，族属雄强，边防未靖，奈何？"

"母寡子弱"包含有两层意思：一是萧燕燕当时 30 岁，而她与辽景宗所生 3 子 3 女 6 个孩子中，长子辽圣宗只有 12 岁，长女观音女也不过 13 岁，是名副其实的"母寡子弱"。二是萧燕燕家族势力薄弱。她没有兄弟，只有姐妹 3 人，且两个姐姐也都站到了她的对立面（大姐夫耶律罨撒罨是耶律贤的政敌，二姐夫耶律喜隐曾多次图谋夺取皇位）。也就是说，萧燕燕没有娘家人可以依靠，这是非常危险的。因为辽廷是皇族与后族同掌朝政，如果皇帝的

舅族势力薄弱，那么皇权就没有保障。

其实，萧燕燕早就意识到了这一点。当自己的父亲萧思温被杀害后，为了弥补家族势力薄弱之不足，她大力提拔重用了以韩德让家族为主的一大批汉族知识分子，甚至用汉臣室昉担任了原由国舅们把持的北府宰相一职。但是，这样做的结果，不仅遭到二国舅帐的反对，同时也引起了辽廷一些显贵们的不满（因显贵们的利益被汉族知识分子所挤占）。只是辽景宗在世时，这些人不敢公开发泄不满而已。辽景宗病逝后，这些人自然是要有所反应的。当然，反应最大的还是二国舅帐四房。

二国舅帐四房是以述律平家族为核心，在契丹建国初期崛起

的、与耶律氏皇族同掌朝政的政治势力。由于每个皇帝同时只能有一位皇后，因此为了争夺皇后之位，二国舅帐之间也是矛盾重重，相互倾轧，逐渐发展分化为两大政治集团、四股政治派系，即拔里氏国舅帐和乙室已氏国舅帐两大政治集团，大父房、少父房和大翁帐、小翁帐四股政治派系。很显然，后权之争，主要是在拔里氏国舅帐和乙室已氏国舅帐之间展开，而大父房、少父房、大翁帐、小翁帐之间也有矛盾和竞争。

在二国舅帐四房中，大父房、少父房、大翁帐三房与述律平都有血缘关系（即都是述律平的兄弟家族），而萧燕燕所在的小翁帐由于与述律平没有血缘关系，从而处于绝对的弱势地位（辽景宗之前四位皇帝的皇后，除穆宗皇后不知族系外，其他皆出自述律平家族）。因此，萧燕燕入主后宫，必然要遭到其他三房的反对。也就是说，大父房、少父房、大翁帐三房是萧燕燕的主要竞争对手和政敌，这其中又以少父房最为强势。

一般来说，对付政敌的手段不外乎杀戮和笼络两种。萧燕燕并没有像断腕太后述律平那样大行杀戮，而是采取了笼络之策。当然，最有效的办法就是联姻。为此，她摄政仅仅5个月，便将自己年仅7岁的二女儿延寿女（萧燕燕的长女观音女于辽景宗病

逝的前一年嫁给乙室已氏国舅小翁帐人）嫁给拔里氏国舅帐少父房萧恒德为妻（983年），接着又将拔里氏国舅帐少父房萧排押（萧恒德之兄长）之妹或女萧氏纳入宫中，册为辽圣宗（时年16岁）的皇后（史籍中并没在明确记载辽圣宗的第一位皇后萧氏是哪族人，但从萧排押在辽圣宗朝被称为国舅来分析，萧氏当为萧排押之妹或女），再接着又将年仅11岁的小女儿长寿女嫁给萧排押（时年当在40岁以上）为妻（989年）。

萧燕燕之所以选中萧排押、萧恒德两兄弟为联姻对象，除了这兄弟俩是拔里氏国舅帐少父房的代表人物外，还有一个原因，那就是这兄弟俩与乙室已国舅帐也有密切的联系。萧排押是萧挞凛的义子或过继子，萧恒德是萧干的义子或过继子。

萧挞凛是萧思温（萧燕燕之父）的远房侄儿，属于乙室乙国舅小翁帐的另一支人，是辽朝中期著名军事将领，其家族是小翁

帐中很有势力的一个家支；萧干则是开国北府宰相萧敌鲁之子，即萧翰之兄或弟，曾在穆宗朝担任北府宰相，是乙室已国舅大翁帐主干家支。

不难看出，通过这种联姻，萧燕燕将少父房、大翁帐、小翁帐三房中有势力的家支笼络在自己身边，结成统一战线，从而弥补了自己家族势力薄弱之不足。当然，这4人在萧燕燕摄政期间的贡献，与这桩政治婚姻是相称的。

在与二国舅帐联姻的同时，萧燕燕还把自己也嫁了出去。不过，她的第二任丈夫并不是横帐皇族人，而是从小就订下终身的汉人韩德让。

辽景宗病重时，萧燕燕面对"少姻援助，诸皇子皆幼"的危险局势，所想到的第一个人就是韩德让。当时韩德让刚刚升任南院枢密使，并不在皇帝行宫，接到萧燕燕的密信后，带领亲兵（按照辽廷规定，汉臣是不允许拥有亲兵的，韩德让能够拥有亲兵，说明其当时已经拥有了契丹权贵才享有的养兵特权）立即赶到其身边，与耶律斜轸联手将皇帝行宫戒严，并以辽景宗名义下令诸王回到驻地，不得私自聚会宴请或四处走动，命对皇权有威胁的诸王家属到皇帝行宫觐见（实为人质），并寻机削夺了一些宗王的兵权。一切安排妥当之后，才宣布辽景宗的遗嘱，由辽圣宗继承皇位，萧燕燕摄政。与此同时，萧燕燕任命韩德让为总宿卫官，具体负责母子俩的安全保卫工作。

在这个过程中，萧燕燕曾主动向韩德让示意，表示愿意下嫁于他。韩德让此时虽已有妻室（萧燕燕嫁进宫后，韩德让曾娶妻李氏，萧燕燕为了嫁给韩德让派人将李氏毒死），但对萧燕燕的爱情之火或许一直都燃烧在心里（抑或韩德让根本就没有选择），或许两人始终保持着"月下会"，于是"有情人终成眷属"，双

双对对出入寝帐，齐马并辔巡幸弋猎。

萧燕燕毕竟是一国之母，嫁给韩德让必然会引起人们的议论。而对于嚼舌头的人，萧燕燕自然都给予了严惩。但这招似乎并没有怎么太管用，接着就又明确下令严禁议论宫廷之事，违者重罚。

其实契丹人的婚俗观念相对于中原人来说是非常开放的，寡妇再嫁、子娶庶母、弟娶寡嫂、舅娶甥女都是平常之事，萧燕燕再嫁也并非什么"绯闻"。只是由于萧燕燕以国母之身下嫁汉人奴隶身份的韩德让（宫分人），很难让契丹人接受。因为按照契丹族婚俗，契丹显贵是不能与庶人及奴隶结婚的，同时按照辽廷政治婚姻的要求，萧燕燕再嫁也只能嫁给耶律氏皇族人（后来萧燕燕赐韩德让姓名为耶律德昌，隶季父房皇族，即阿保机父亲一

支人所在帐族，不排除有给自己再嫁正名之用意）。当然，这些旧俗，对于政治家萧燕燕来说，不过是手上的一张纸而已，随时用之随时弃之。因为，萧燕燕嫁给韩德让也并非纯正意义上的"有情人终成眷属"，而是一桩实实在在的政治婚姻。

契丹建国后便逐渐形成了皇族与二国舅帐两大政治集团同掌朝政的政治格局，在这种政治格局下，皇族势力过于强大，必然对皇权形成威胁，二国舅帐势力过于强大，也容易操纵和架空皇权，只有在两个政治集团势力均衡的条件下，皇权才能够稳固。由于萧燕燕家族势力薄弱，难以驾驭两个政治集团势力达到均衡，只有借助第三种政治力量来实现这一目标，而韩德让家族正好是她所需要的第三种政治力量。

韩德让家族被称为"玉田韩氏"（相对于韩延徽的"幽州韩氏"而言），在契丹建国前便进入契丹社会，而在辽景宗朝迅速崛起。至萧燕燕摄政时，玉田韩氏家族至少是三代人（包括韩知古的11个儿子和韩德让9兄弟中的8人）在辽廷为官，形成了一支独特的汉族政治势力（玉田韩氏家族的崛起，与萧燕燕在辽景宗朝实施的提拔重用汉族知识分子政策有直接关系）。而汉族政治势力既不威胁皇权，也不威胁后权，是萧燕燕可以放心大胆倚重的。

在萧燕燕的提拔重用下，玉田韩氏家族在辽圣宗朝发展成为与耶律氏皇族、萧氏后族相并列的政治势力。终辽一世，玉田韩氏家族在辽廷为官者不下百人，其中拜使相、封王、持军节者达数十人之多，契丹社会甚至出现了"耶律、萧、韩三姓恣横，岁求良家子以为妻妾"的局面。

客观地说，正是玉田韩氏家族势力的崛起和存在，帮助萧燕燕母子把契丹辽王朝推向鼎盛，同时也维护了辽廷皇权的稳定。契丹辽王朝自辽圣宗始，才真正地实现了皇权父子嫡传制度，这与玉田韩氏家族的存在不无关系。

2. 削藩

萧燕燕在解决"母寡子弱"危局的同时，也在着手解决"族属雄强"的问题，而"族属雄强"主要就是指皇族诸王势力。

辽廷皇族有横帐（辽太祖子孙）、三父房（孟父房、仲父房、季父房）、二院（北院、南院）三个层次。横帐皇族是辽太祖子孙，有当皇帝的资格，而没有当上皇帝的皇子们则被封王得到安抚；三父房皇族是辽太祖伯叔兄弟之族，这些人虽然失去了当皇帝的资格，但属近支皇族，只要好好工作，也能争个王爷当当；二院皇族是辽太祖祖父一支人以外的远亲皇族，虽然

远离皇权，但如果努力表现自己，也能因功弄个王爵。

按照辽廷的世袭习俗，这些王爵往往又可以由子孙来世袭。因此几十年下来，辽廷便有了众多的皇族王爷，被称为诸王。诸王虽然没能当上皇帝，却也享有普通皇族甚或是朝中大臣们所没有的特权——建立头下州。

所谓的头下州，就是诸王（包括国舅、公主驸马）所建立的私人州县，由皇帝赐州县名额，纳入辽廷地方建制。诸王在头下州内，拥有行政、军事、财政等权利和一定数量的人口（由对外征伐俘虏人口和犯罪籍没人口组成）。

通俗一点讲，诸王以头下州为基础，割据一方，拥兵自重，除了皇帝之外，几乎没有什么人能够管理他们，是名副其实的藩王。这其中又以横帐和三父房诸王为多，他们往往以头下州为基础，觊觎皇位，图谋不轨。在世宗、穆宗朝多次图谋皇位的李胡父子，杀害世宗皇帝的耶律察割及其父安端（阿保机五弟）就都建有头下州。

萧燕燕摄政时，辽廷藩王已经发展到200余人（包括国舅、公主驸马），形成了一支强大的王权势力，威胁着皇权，因此萧燕燕才发出了"族属雄强"的感慨。

当然，对于政治家萧燕燕来说，化解"族属雄强"危局也并不是什么太难的事情，首要的问题是先解决对皇权威胁较大的藩王，手段也是现成的，那就是既拉又打。

由于穆宗皇帝无子嗣，最接近

皇权的人也就是世宗皇帝直系亲族。到了萧燕燕摄政时，这样的人也不是很多，只有四人。分别是平王耶律隆先（耶律倍第四子，母为渤海人大氏），时任东京留守；吴王耶律稍（耶律倍第三子），时无职任；蜀王耶律道隐（耶律倍第五子），时任南京留守；耶律只没（世宗与甄皇后之子），时被贬在乌古部。

这四王当中，耶律只没和耶律稍没有什么官职，对皇权也没有什么威胁，只要稍加赏赐，便可拉为己用。萧燕燕心里自然很清楚这一点，因此任命耶律稍为上京留守，封耶律只没为宁王，从而将两人拉到自己一边。而耶律隆先和耶律道隐分别主持两京工作，手握军政大权，就与以上两人不同了，是需要重点"排除"的对象。这也简单，萧燕燕任命耶律休哥总南京军事，而耶律休哥在南京不到百天，耶律道隐便"病逝"。接着萧燕燕又到东京巡幸，耶律隆先随之被免去东京留守一职，不久也"病故"。

解决了对皇权威胁最大的两个藩王之后，萧燕燕接着向诸藩王打出一套组合拳：限制诸王兵权，将全国精锐部队划归皇帝直接掌管，在对外征伐中尽量不任用旧有藩王带兵，而是起用新人；严格限制头下州的发展，对诸王有功者不再赏赐头下州，代之以晋封王爵和赏赐钱财等；削弱诸王财权，将头下州部分赋税权收归中央所有；直接削夺头下州，找借口（如诸王带兵打仗失败或

犯其他错误）析分或直接撤销诸王的头下州等等。

通过以上措施，极大地削弱和限制了诸王权势，使其无力再与皇权抗衡，既巩固了皇权，又保证了皇权的权威性。

3．耶律斜轸与耶律休哥

在削弱诸王权势的过程中，有两个人是萧燕燕必须用心"关照"的，那就是耶律斜轸和耶律休哥。这两人在萧燕燕摄政期间，前者主内（朝政），后者主外（军事），是辽廷的股肱之臣。萧燕燕对这两人所采取的驾驭之策大不一样，从中不难看出萧燕燕已经是一名成熟的政治家。

耶律斜轸是开国于越耶律曷鲁之孙，属于二院皇族中的南院

皇族，远离皇权。不仅如此，耶律斜轸还是在萧思温的推荐下才出仕为官的，也就是说萧思温对他有知遇之恩，同时他还娶了萧燕燕的侄女为妻，这种多层关系使耶律斜轸成为萧燕燕的忠实拥护者。在辽景宗病逝后，也正是他与韩德让等人将辽圣宗扶上龙椅，实现萧燕燕摄政，从而帮助萧燕燕母子稳定住了政局。

萧燕燕对这些自然是心里有数，对耶律斜轸也可以放心地使用。但她为了让耶律斜轸更加或永远地忠实自己，还是施以笼络之策，在摄政后便让小皇帝辽圣宗与耶律斜轸互换弓箭袍马，结为金兰兄弟，然后才任命耶律斜轸为北院枢密使，位居百官之首，执掌朝政。

耶律斜轸在北院枢密使任上一干就是 17 年，并最终病逝任上（999 年）。这期间他不仅全力辅佐萧燕燕母子把辽朝推向鼎盛，而且在辽对宋的战争中屡建奇功。在燕云保卫战中，正是他率兵击败宋西路军，俘虏宋大将杨业，从而取得了燕云保卫战的最后胜利。应该说，萧燕燕对耶律斜轸施以笼络和放心重用之策是非常正确而有效的，从某种程度上讲，耶律斜轸对萧燕燕母子的辅佐之功及对辽王朝走向鼎盛的贡献，绝不逊于韩德让。

耶律休哥是辽太祖三伯父耶律释鲁之孙，属于三父房皇族中的仲父房，是近支皇族，比较接近皇权。因此萧燕燕对耶律休哥

的使用没有像耶律斜轸那样放心，而是采取了既笼络又防备之策。耶律休哥是著名军事家，在辽宋交兵时的价值是显而易见的，也正因为此，萧燕燕才对他采取了笼络之策，任命其为南京留守，总管南面军事，晋封为宋国王，并授予其便宜行事、入神帐举行再生礼等特权。耶律休哥也不负所望，在辽对宋战争中显尽英雄本色，不仅使辽在对宋的军事对抗中始终掌握着主动权，而且使自己威名远扬，就连宋人都家喻户晓，甚至有的人家竟然用耶律休哥的名字来吓唬小儿（时宋人欲止儿啼，乃曰于越至矣）。

俗语说，功高震主。耶律休哥的功劳越大、名声越高，萧燕燕对他就越不放心。可只有耶律休哥才能震慑住宋廷，使其不敢贸然发兵北伐。因此萧燕燕并没有削夺耶律休哥兵权或将其调离南京，而是经常领着小皇帝辽圣宗到南京巡视，并亲自审理南京狱讼，以考察耶律休哥的行政行为；设置南京统军都监一职，以牵制（实

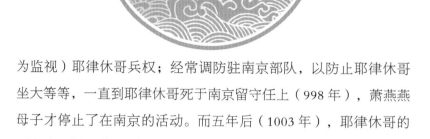

为监视）耶律休哥兵权；经常调防驻南京部队，以防止耶律休哥坐大等等，一直到耶律休哥死于南京留守任上（998年），萧燕燕母子才停止了在南京的活动。而五年后（1003年），耶律休哥的两个儿子便以谋反罪被杀。

耶律休哥儿子谋反案件至少反映出萧燕燕对耶律休哥及其家族并不放心，而施以既用又压之策，从而逼得其后代们起来造反，抑或根本就是"欲加之罪何患无辞"。（此事也透露出另外一些信息，那就是耶律休哥有可能是非正常死亡）不过，不管萧燕燕如何防备和对待耶律休哥，耶律休哥都将在中国军事史上占有一席之地，并永远地记录在历史的档案里。

4.盟党项、征阻卜

"边防未靖"是萧燕燕摄政之初所面临的又一必须解决的问题。就当时的局势而言，除了南边的北宋而外，辽廷还面临着党项、

阻卜、渤海、女真等部族叛辽的严峻形势。

党项族以今内蒙古、宁夏、甘肃三省交会地带及黄河弯曲地区为核心聚居区域，有数十部之多，其中又以党项拓跋部最为强盛。拓跋部的主体是北魏拓跋鲜卑的后裔，因帮助唐廷平定黄巢起义有功，被赐予唐宗室李姓，其首领被唐廷任命为定难军节度使，从此以夏州（今内蒙古乌审旗南白城子）为根据地发展成为辽西南边陲强邻，后来建立了西夏政权。辽太祖、辽太宗两朝曾多次对党项诸部用兵，迫使一些党项部族内附辽廷，但由于夏州党项拓跋部的影响，已经归附辽廷的党项诸部也时附时叛，辽廷也不时派兵进行征讨。至辽景宗时，党项诸部开始频繁叛辽，包括耶律休哥在内的一些辽廷著名军事将领都曾率兵征讨过党项叛部。

辽景宗朝后期及辽圣宗朝中前期，辽镇守西南边陲的主要将领是玉田韩氏家族，韩匡嗣在满城兵败被免去南京留守一职后，便出任辽西南面招讨使（981年），负责震慑和征讨党项叛部，不料他在一年后便病逝（982年），其第五子韩德威（韩德让之弟）继任西南面招讨使，继续震慑和征讨党项诸部。与此同时，党项诸部趁萧燕燕摄政，辽廷"母寡子弱"之机，掀起反辽高潮，反辽部族达15部之多。

萧燕燕自然是不会坐视党项诸部叛辽的，一方面命令韩

德威率兵征讨，一方面派兵增援，加大征讨力度，终于将党项诸部大规模的反叛势头镇压下去。

辽统和四年（986年），夏州党项拓跋部首领李继迁因受到宋兵的征剿请附辽廷，时值辽廷也已经得到宋准备发三路大军北伐收复燕云的消息，萧燕燕立即改变了对党项诸部的强硬态度，同意李继迁的请求，册封其为定难军节度使等职，与夏州党项部结为宗属关系。随后，萧燕燕又应李继迁之请，将辽廷公主下嫁给他（989年），又与夏州党项部结成舅甥关系，从而奠定了双方在辽、宋、西夏三国鼎立中的盟友基础。

辽廷与夏州党项部结为宗属和舅甥关系是一个双赢的选择。夏州党项部正是依靠与辽廷的这种关系才得以发展壮大并最终建立了西夏国；辽廷则不仅稳定了西南边陲，而且还在与宋的对抗中多了一只援手，同时又能够抽出更多的精力来对付阻卜、渤海、女真等诸部的反辽活动。

阻卜诸部在辽太祖朝被征服后（924年），与辽廷始终保持着正常的朝贡关系，一直到穆宗朝。由于穆宗皇帝嗜酒好猎、不理

朝政，加之室韦、乌古诸部叛辽的影响，阻卜诸部才停止了向辽廷朝贡。不仅如此，阻卜诸部经过半个多世纪的发展，逐渐强大起来，在辽景宗朝末开始四处抢掠，并趁辽廷"母寡子弱"之机起兵反辽。

萧燕燕对阻卜诸部的态度非常强硬，立即派大将耶律速撒和萧排押率大军进行征讨。经过两年多的征讨，终于将反叛的阻卜诸部讨平（984年）。这次征讨对阻卜叛部的打击很大，对于没有反辽的阻卜诸部也起到了很大的震慑作用，在此后十多年间，阻卜诸部没有再发生大规模的反辽活动。但是，由于在随后的几年间辽宋不断交兵，辽廷无暇顾及阻卜诸部，因此，阻卜诸部小规模的反辽事件仍时有发生。

辽统和十二年（994年），辽与宋交兵告一段落，双方转入冷战阶段，萧燕燕便又把目光投向西北面，命自己的大姐齐王妃和大将萧挞凛率军镇抚西北诸部。在随后的几年间，萧挞凛和齐王妃对叛附无常的阻卜诸部进行大举讨伐，迫使阻卜诸部内附辽廷，

使辽西北边陲出现了少有的稳定局面（诸藩岁贡方物充于国，自后往来若一家焉）。但是，萧挞凛头脑却很清醒，他在西北边陲镇守多年，意识到辽廷驻军距离阻卜诸部太远，是阻卜诸部叛服无常的直接原因，于是，上书建议辽廷在西北边陲修建边城屯兵，以震慑阻卜诸部。

萧燕燕欣然接受了这一建议，命大姐齐王妃在西北沿边修建了三座城堡，即镇州、防州和维州三城。

辽统和二十二年（1004年），辽西北边陲重镇可敦城（即镇州，今蒙古国布尔干省境内）修建完成，立即起到了震慑作用，一些经常叛辽的阻卜酋长亲自到辽廷朝见，并向辽廷请婚，表达内附辽廷之诚意。不过，边防城的修建，并没有从根本上解决阻卜诸部反辽的问题，一些阻卜部落在辽圣宗亲政后再次起兵反辽。

5．伐渤海、讨女真

契丹灭亡渤海国后（926年），在其地建立东丹国对原渤海国地区加以统治。但由于辽太祖病逝扶余府，辽廷上层权力重组等诸多因素的影响，契丹并没有对原渤海国地区实施有效统治，因而在渤海民众中始终存在着反辽情绪和活动。辽太宗将东丹国首都迁到辽阳后（928年），原渤海国地区实际上成为"政治真空"，留居

原地的渤海民众有了更大的活动自由，渤海贵族乌氏乘机建立了以"兀惹部"为核心的抗辽组织。

东丹王耶律倍浮海避居后唐（930年），更加引起原渤海地区的动荡，一些渤海贵族又乘机成立了反辽政权组织。

辽会同元年（938年），也就是辽太宗灭亡后唐、扶植儿皇帝石敬瑭、将燕云十六州划入契丹版图的同一年，渤海王族后裔烈万华以原渤海国西京鸭渌府地区为中心建立了定安国（有些史籍亦称安定国，都城在今吉林省磐石市），公开对抗辽廷的统治。或许是辽廷把注意力投向中原，或许是根本就没有把定安国放在眼里。总之，辽廷对定安国的建立并没有引起足够的重视。

辽保宁七年（975年），辽黄龙府（今辽宁省开原市）守将渤海人燕颇起兵反辽，辽景宗派北院大王耶律何鲁不率兵前去镇压。经过两个月的激战，辽兵攻破黄龙府城，燕颇率残部北逃进入兀惹城（今黑龙江省宾县）。第二年（976年），兀惹部首领乌玄明在燕颇鼓动下建立了兀惹国（亦称乌舍国、乌舍城渤海国、乌惹、喔热部等），同年乌玄明夺取定安国王位。与此同时，黄龙府、兀惹城附近仍有渤海人成立的相对独立的抗辽组织存在。

根据有关资料记载，辽景宗朝在原渤海国地区存在有兀惹国、定安国、渤海琰府、浮渝府等抗辽政权或势力。其中，兀惹国由乌玄明建立，乌玄明夺取定安国王位后，兀惹国仍然由乌氏贵族统治，为相对独立的抗辽政权；渤海琰府（或称渤海府）是燕颇建立的抗辽组织；浮渝府是黄龙府附近渤海人建立的抗辽组织。辽兵在攻打燕颇叛军时，黄龙府城遭到极大的破坏，辽廷遂废弃了黄龙府建制。黄龙府即原渤海国扶余府（浮渝府），因辽太祖病逝此地时有黄龙显现，因此改称黄龙府。辽廷废弃黄龙府后，其附近渤海人以原渤海国扶余府（浮渝府）名建立了抗辽组织。

　　辽乾亨元年（979年），北宋乘灭亡北汉胜威挥兵北上，发动了意在收复燕云十六州的北伐战争，虽然无功而返，却极大地鼓

舞了定安国等抗辽组织，纷纷与北宋联系，试图与北宋结成抗辽联盟。

　　宋太宗赵光义当然不会放过这样的机会，分别给定安国、兀惹、渤海琰府、浮渝府下诏（回信），在安抚、拉拢、表明灭辽信心和决心的同时，许诺双方联手灭亡契丹后，燕云十六州归宋，契丹腹地归渤海人。不过，或许是双方相隔太远，或许是北宋根本就无力伐辽，双方最终并没有将联合灭辽付诸实践。

　　女真，属肃慎族系，是我国东北的一个古老民族，至隋唐时称靺鞨，以松花江上游地区的粟末靺鞨和黑龙江中下游地区的黑水靺鞨最为强盛。粟末靺鞨即建立渤海国的主体民族，渤海国被契丹灭亡后（926年），黑水靺鞨南迁进入渤海故地，与原渤海国民众杂居在一起，改称女真，臣服辽廷。

　　辽廷为加强对女真诸部的控制和管理，把女真诸部划分为熟女真和生女真两部分，以黄龙府（今辽宁省开原市，后改置辽咸州）至束沫江（今第二松花江）一线为界，居住于南面的女真人称熟女真，隶辽朝户籍，由辽廷直接管理；居住于北面的女真人称生女真，不隶辽朝户籍，由辽廷委任各部落酋长以官职，间接地加以统治。

由于辽廷统一北疆之后，把主要精力用于中原，放松了对女真诸部的控制，从而使女真诸部得到快速发展。尤其是熟女真借助地缘优势，不仅发展较生女真快，而且与高丽和北宋取得联系，受这两个政权的影响，在辽景宗朝时开始屡屡进入辽境抢掠。

辽保宁八年（976年），受渤海人燕颇起兵反辽的影响，女真人连续进入辽境，抢掠了贵德州（今辽宁省抚顺市境内）、归州（今辽宁省盖州市境内）等地。时值北宋发兵攻打北汉，辽廷把注意力放在保卫北汉战争中，没有理会女真人的侵边事件。

辽统和元年（983年），即萧燕燕摄政的第二年，辽廷经过两年多的征讨，对西部阻卜诸部战争基本告一段落，遂掉转马头，举兵对女真诸部进行大规模的征讨，迫使女真术不直、赛里等八族向辽廷请求内附。

辽统和三年（985年），辽廷为了切断女真与高丽的联系，以北院枢密使耶律斜轸为都统，驸马都尉萧恒德为监军，萧挞凛为先锋，率大军对女真诸部进行更大规模的征伐，俘获人口十余万、马匹二十余万。

这次征伐不仅大大地震慑了女真诸部（在以后的几十年间，女真诸部对辽廷基本上保持恭顺，朝贡不断），而且给定安国政权以毁灭性打击，此后定安国逐渐淡出历史舞台。

女真诸部、定安国受到辽廷的重大打击，兀惹国、浮渝府也受到很大的震慑，此后近10年间归附辽廷，朝觐进贡如常。

辽统和十二年（994年），兀惹国王乌昭度、渤海琰府首领燕颇再次率部叛乱，抢掠归附辽廷的女真、铁骊诸部。第二年（995年），辽廷派奚王和朔奴、驸马都尉、东京留守萧恒德率军进行征讨，辽兵经过数月征伐，包围了兀惹城（今黑龙江省宾县）。兀惹国王乌昭度（一名乌昭庆）请求投降，辽将和朔奴、萧恒德想贪战功不许投降，乌昭度无奈之下率兵殊死守城，辽兵又攻打不下，遂撤兵抢掠一番后返回。由于路途遥远，辽兵在返回途中粮草断绝，士兵战马损失惨重，于辽统和十三年（996年）才回到契丹。

　　萧燕燕了解了此次征伐的经过后，不禁震怒，削夺了奚王和朔奴和驸马都尉萧恒德的爵位，将奚六部降为契丹属部，隶属契丹北府管辖，由此奚族完全纳入契丹部族管理体制。

　　兀惹部经过此次征伐，元气大伤，再无力与辽廷抗衡。国王乌昭度于第二年（997年）上表归附辽廷，并请求免除鹰、马、貂皮等岁贡。辽廷将兀惹部纳入属国，许其只在辽廷皇帝、皇后生辰及正旦节纳贡，其余皆免。渤海琰府当与兀惹部同时归附辽廷，此后虽有叛辽活动，但随着女真诸部崛起，兀惹部及渤海琰府两种势力逐渐淡出历史舞台。

　　萧燕燕摄政后对周边反辽的党项、阻卜、渤海、女真诸部进行大规模的征伐，虽然没能从根本上解决"边防未靖"的问题，但却化解了当时"边防未靖"的危局，不仅为随之而来的辽宋交兵争取到了主动，同时也为契丹辽王朝走向鼎盛创造了条件。

SHE HUI GAI GE

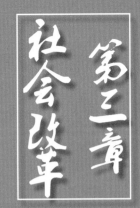

第三章 社会改革

诏东京路诸宫分提辖司，分置定霸、保和、宣化三县，白川州（辽太祖五弟耶律安端头下军州）置洪理，仪坤州（断腕太后述律平头下军州）置广义，辽西州置长庆，乾州置安德各一县。省遂、妫、松、饶、宁、海、瑞、玉、铁里、奉德等十州，及玉田、辽丰、松山、弘远、怀清、云龙、平泽、平山等八县，以其民分隶他郡。

《辽史》

1. 加强中央集权

辽圣宗母子在改变"母寡子弱",化解"边防未靖",消除"族属雄强"的同时,也在进行着社会改革,从而把契丹辽王朝推向了鼎盛。

所谓的社会改革,并非辽圣宗母子所提出的施政口号,而是后人对辽圣宗朝革除旧弊、推行新政的一种总结用语,是对萧燕燕母子历史功绩的一种肯定。

辽圣宗朝的社会改革涉及政治、经济、军事、法律等诸领域,通过这些改革,加强了中央集权,完成了契丹社会封建化进程。

契丹建国前,契丹可汗及诸部首领实行世选制,即可汗由诸部首领从某一家族中推选产生,诸部首领由本部贵族从某一家支中推选产生。在世选制下,诸部首领具有相当大的特权,不仅参与可汗世选,而且有机会角逐可汗权柄。辽太祖便是以势力强大

的迭剌部为后盾，从遥辇氏手中夺取汗权的。

契丹建国后，辽太祖将诸部首领世选制改为任命制，削夺了诸部首领的特权，确立了皇权世袭制。但是，诸部显贵并不死心，仍然对皇权虎视眈眈。辽太祖为了维护和巩固皇权，更主要的是为了确保皇权在自己子孙手中传承，在宗室、外戚中大力培植自己的势力。为了使这些人忠心耿耿地拥护自己，允许他们把对外征战中俘虏来的人口（主要是汉人和渤海人）归为己有，建立私有州县，并赐给他们州县额，纳入国家地方建制，称为头下军州。辽太宗以后诸帝亦都竞相效仿，加之宗室、外戚显贵有意为之，至圣宗朝时，宗室、外戚诸王已发展到 200 余人，头下军州发展到相当数量，形成一股强大的王权势力。

在头下军州内，头下主（即宗室、外戚诸王）有属于自己的军队，有税收和任免官员的特权，成为一方割据势力，对皇权构成了巨大威胁。因此，自"李胡而下，宗王反侧，无代无之，辽之内难，与国始终，厥后嗣君，虽严法以绳，卒不可止"。

辽圣宗朝围绕着加强中央集权、削弱宗室、外戚诸王特权等，

进行了一系列的改革。

改革官制

辽圣宗朝之前，在头下军州里，除节度使由朝廷任命外，其他官员都由头下主自行任命。辽圣宗朝采取强硬措施，逐渐将头下军州官员的任免权收归中央所有。

改革兵制

契丹兵制，全民皆兵。凡民年 15 岁以上，50 岁以下，隶兵籍，有兵事应征出征。辽朝军队种类分为御帐亲军、宫卫骑兵、大首领部族军、部族军、五京乡丁、属国军和边境戍兵。其中，御帐亲军是辽帝后帐下的直属军，属辽军主力；宫卫骑兵是辽各代皇帝斡鲁朵所属骑军，为皇帝私属；大首领部族军由亲王大臣部曲组成，为私人军队；部族军以部落为单位，由游牧各族及内附诸部组成，是地方上的主要军队；五京乡丁即辽五京州县兵丁，兵员虽多，但不是辽朝主力军队；属国军是由向辽朝纳贡的邻国或部落组成的军队，无有定制，也无常额；边境戍兵是指戍守辽境四方的兵士。这些兵种构成了辽朝强大的军事力量。

从中不难发现，以上诸军种中，大首领部族军为私属军队，即诸王以头下军州为兵源地，所拥有的私人军队。诸王正是以这些私有军队为资本，或参与皇权争夺，或参与皇权

更迭，直接或间接威胁皇权。诸王军队兵员主要来自于对外征伐俘掠和皇帝赏赐。

辽圣宗朝为了控制诸王军队势力的发展，对兵制进行了改革。一方面，对战争中的俘虏和降卒，不再赏赐给诸王，而是由朝廷统一改编为新军，统归朝廷掌控；一方面，下诏诸道将兵将勇健者姓名统计上报朝廷备案，战时由朝廷统一调用；一方面，在对外征伐时，尽量不用势力强大的诸王，而是起用新人，限制诸王势力的进一步发展；一方面，对战争中战功卓著将领们，不再赐予人口或头下军州，而是赏赐酒宴、物品或晋爵等。

通过兵制改革，辽廷将精锐部队收归中央统一指挥，极大地限制和削弱了诸王的兵权，从而减少了诸王对皇权的威胁。

改革税制

辽圣宗朝之前，诸王在头下军州内有税收自主权，头下户（头下军州里的居民）只向头下主（即诸王）交税，而不向朝廷纳税，这是诸王势力膨胀的一个主要因素。

辽圣宗朝把原来在燕云十六州以及东京一些地方施行的赋税制度推广到头下军州。规定头下户除向头下主交税外，还要向朝廷纳税，史称"二税户"。此项改革虽然增加了头下户的税赋负担，却有效地削弱了诸王的财权，同时也使头下户获得了更大的人身自由。

辽圣宗朝还对全国税收体制进行改革，于辽统和十二年（994年）下诏"定均税法"。

削夺头下军州

在改革官制、兵制、税制的同时，辽圣宗母子还采取釜底抽薪之策，将诸王头下军州析分或直接撤销。如辽统和八年（990年），"诏东京路诸宫分提辖司，分置定霸、保和、宣化三县，白川州（辽

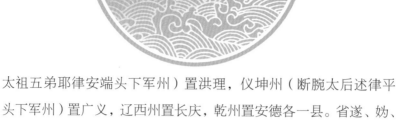

太祖五弟耶律安端头下军州）置洪理，仪坤州（断腕太后述律平头下军州）置广义，辽西州置长庆，乾州置安德各一县。省遂、妳、松、饶、宁、海、瑞、玉、铁里、奉德等十州，及玉田、辽丰、松山、弘远、怀清、云龙、平泽、平山等八县，以其民分隶他郡"。

通过这种釜底抽薪之策，辽朝头下军州自辽圣宗朝逐渐减少。至辽末，州、县两级的头下行政区域已经基本绝迹。

2. 解放奴隶

契丹社会是集封建、奴隶、氏族三种社会形态于一体的复杂社会，存在着大量的奴隶。这些奴隶大多是契丹贵族们在对外征伐中所俘获的人口，也有一些是因犯罪而被籍为奴隶的，包括汉人、渤海人和契丹等游牧民族的人。

辽圣宗朝通过重新整编部落、撤销头下州、下令释放奴隶等措施，将奴隶变为平民，使他们获得了人身自由。如辽统和八年（990年），下诏"省遂、妳、松、饶、宁、海、瑞、玉、铁里、奉德等十州，及玉田、辽丰、松山、弘远、怀清、云龙、平泽、平山等八县，以其民分隶他郡"。即撤销以上头下军州，其民（头下户，即奴隶）恢复平民身份，分隶其他郡县；

辽统和十三年（995年），"诏诸道民户应历（辽穆宗朝）以来协从为部曲者，仍籍州县"。即辽穆宗朝以来不是犯罪主犯而被籍为奴隶的人，恢复平民身份，隶籍州县。

当然，辽圣宗母子解放奴隶，并没有像林肯那样颁布《解放奴隶宣言》，全面废除奴隶制，解放全部奴隶，而只是部分的、局部的。但是，就当时而言，辽圣宗母子能够做到这一点，也是难能可贵的，无疑是对人类的一个巨大贡献。更主要的是，奴隶变为平民，使契丹社会阶级结构发生了质的变化，从而促进了契丹社会的封建化进程。

3. 法制改革

契丹建国之前由于没有文字，因此没有成文法，契丹等游牧民族"犯罪者量轻重决之"，汉人和渤海人犯罪则断以《唐律》《唐令》等，法律适用的随意性很大。契丹文字创制出来后（920年），辽太祖下诏制定了《治契丹及诸夷之法》（921年），这是契丹族历史上第一部成文法，具有法典的性质，奠定了契丹辽王朝的法制基础。

辽太祖之后辽廷诸帝虽然都很注重国家法律制度建设，如辽太宗曾下诏废除"姊亡妹续之法"等。但是，由于契丹社会多民族的特殊性，《治契丹及诸夷之法》只适用于契丹等游牧民族，而汉人渤海人等犯罪，则仍然断以《唐律》《唐令》。这就使契丹社会始终存在着国民不同法的现象，即不同的民族人犯罪适用不同的法律制度，法律适用的随意性仍然很大。特别是契丹民族作为统治民族，在法律适用方面，相对其他民族享受很大的特权。诸如契丹人打死汉人只赔偿牛马抵罪，而汉人打死契丹人在被斩首的同时，家人还要被籍为奴婢等。一直到辽圣宗朝，辽廷才对法律进行修订和完善，使辽朝的法律制度得到了进一步的完善。

辽圣宗朝对有关法律进行了一系列改革，诸如下诏契丹人与汉人互殴致死，同罪论处。辽统和十二年（994年），"诏契丹人犯十恶者依汉律"。辽统和二十六年（1008年），"诏奴婢犯罪至死，听送有司，其主无得擅杀"，即奴婢犯了死罪，要送到官府判罪处刑，贵族不得擅自杀死奴隶。废除连坐之法等等。"更定法令凡十数事，多合人心。"

为了保证法律条文的有效实施，辽圣宗母子在深入各级监狱，亲自处理狱讼的同时，经常派遣官员

到各地分别处理狱讼案件。如辽统和九年（991年），"遣翰林承旨邢抱朴、三司使李嗣、给事中刘京、政事舍人张干、南京副留守吴浩分决诸道滞狱"；同年"复遣库部员外郎马守棋、仓部员外郎祁正、虞部员外郎崔祐、蓟北县令崔简等分决诸道滞狱"等等。

辽圣宗亲政后，继续推行法制改革。亲政不久就下令，皇族人犯罪，与诸部族人同等对待。如辽统和二十九年（1011年），诏"以旧法，宰相、节度使世选之家子孙犯罪，徒杖如齐民，惟免黥面，自今但犯罪当黥，即准法同科"，即宰相、节度使等高官子孙犯罪，与百姓同法；辽开泰六年（1017年），辽圣宗第十三女公主赛哥杀死一个无罪的婢女，辽圣宗"以公主赛哥杀无罪婢，驸马萧图玉不能齐家，降公主为县主，削图玉平章事"。五院部有一部民弄坏了铠甲，部长佛奴施以杖刑过重将其打死，辽圣宗

知道后，以其用刑过重，削去官职。

辽圣宗还亲自审阅罪犯审讯记录，多次为死刑罪犯减缓罪刑，特赦罪犯等。同时分遣诸臣决诸道滞狱，使罪犯得以及时判决，冤枉案件得到快速纠正。

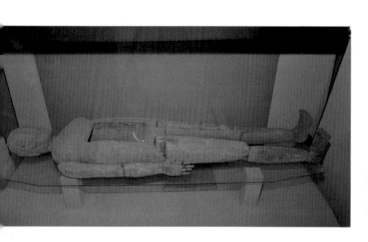

辽圣宗还针对社会上法律不平等问题，明确下诏："朕将全国分为南北两院分别治理契丹和汉人，是想排除贪赃枉法，消除对国政的烦扰。如果对待贵贱之人不一视同仁，则怨恨之心必生。小民犯罪后，必然不能通过有司上达朝廷，只有皇族、贵戚们才仗恃皇恩向衙门行贿以图侥幸免罪，照这样下去则国法就被废除了。从现在起，皇亲国戚们若犯罪被控告，不论事件大小，一律令所在地官吏考察讯问，具文申报北、南两院反复讯问，将真实情况上奏，对那些不详细调查就申报以及接受贿赂代为启奏求情的，与原犯罪人同罪论处。"

辽圣宗还下诏对不合理的法律条文进行修改："典制条文中有遗缺及过轻过重欠当的，将该条文奏上，研究增改。"等等。例如，按照辽朝法律，木叶山地域为禁区，毁坏木叶山草木者当死。当时有一个五院部民，不小心失了火，延及木叶山地域，应该处死。辽圣宗认为此法过重，改为杖刑释放，并下诏著为法。

由于辽圣宗注重法律公平，推行法制改革，"于是国无幸民，纲纪修举，吏多奉职，人重犯法。故统和中，南京及易、平二州

以狱空闻。至开泰五年（1016 年），诸道皆狱空。"

辽兴宗即位后，继承了祖母（萧燕燕）和父皇（辽圣宗）依法治国思想，继续对法律进行改革，针对国内法律轻重不一等现象，下诏耶律庶成修订国家统一法律。

耶律庶成是季父房皇族人，即辽太祖五个弟弟的后裔（至于是哪个弟弟之后则不得而知），是契丹族著名文学家和法学家，曾参与编纂《实录》（记录契丹遥辇氏部落联盟 9 可汗及辽廷至辽兴宗朝 7 位皇帝 300 多年历史的书籍，此书也是契丹族历史上第一部比较全面的记录契丹族历史的史书，辽兴宗朝编写完成）。他参照古今法令，结合契丹社会实际，对辽建国以来所修订的各项法律条文加以整理，制定了一部新的法律。

辽兴宗将这部法律定名为《新定条制》，于重熙五年（1036 年）在全国颁布实施。

《新定条制》统一了辽朝法律，将全国刑罚定为 5 种，即：死、

流、徙、杖、笞，共 547 条，适用于国内所有民族。《新定条制》也是辽王朝制定和颁布实施的唯一一部"国家大法"，是辽王朝法典（辽道宗朝曾重新制定过一部法律，但由于条文过多，不容易操作，不久便废弃）。由于《新定条制》制定和颁布于辽兴宗朝的重熙五年，因此史称"重熙立法"。

虽然说终辽一世，始终存在着契丹人特权和法律不平等现象，但是辽圣宗、辽兴宗两朝对国家法制的改革，还是在很大程度上追求了国民同法和社会公平、公正，从而使国内各民族最基本的人身权利得到了保障，进而调动了各族民众参与国家管理和建设的能动性和主动性，这也是契丹辽王朝鼎盛的一个重要因素。

4. 科举取士

契丹辽王朝科举取士开始于获取燕云十六州后，辽太宗为了适应管理燕云地区的需要，在燕云地区的汉人和渤海人中实行科举取士。但这只是权宜之计，并没有形成科举考试制度。辽景宗朝虽然正式建立了主持科举考试的常设机构——礼部贡院（976 年），但并不规范，也只是不定期地举行科举考试而已。辽圣宗朝下诏自统和六年（988 年）在全国推行科举考试，每年举行一次，从此辽廷科举考试步入正轨。

辽廷官员任用主要是通过世选和科举两条途径。世选是契丹部族社会的固有制度，是契丹贵族的一种特权；科举主要是在汉人和渤海人中选士。也就是说，汉人和渤海人要想出仕为官，主要是通过科举途径。因此，在辽圣宗朝之前，由于科举考试不规范，汉人和渤海人进入辽廷政权机构工作的机会并不是很多。辽圣宗朝在全国推行科举考试，而且是每年一次，这就给汉人和渤海人进入辽廷政权机构工作提供了更多的机会，从而使大量的汉族和渤海知识分子进入辽廷政权机构工作。客观地说，这也是契丹辽王朝走向鼎盛的一个主要因素。

辽圣宗非常注重人才的选拔和任用，特别是注重科举取士。他亲政后，进一步改革和完善科举制度，始行殿试，制定贡举法，开科取士的人数也越来越多，由原来每年只取录进士不超过10人（1004年以前），增加到30—50人，从而为辽廷储备了大量的人才。

辽太平五年（1025年），辽圣宗有一次在果园宴会，京城的百姓知道后，前往果园观看。辽圣宗见来了这么多百姓，一时兴起，就问这些百姓中谁是进士，没有想到，竟然有72位进士。辽圣宗龙颜大悦，命这些进士当场赋诗，按优劣进行排序，72人全部得到录用。其中，14人被录为太子校书郎，58人被录为崇文馆校书郎。

进士是当时社会上高学历人才，这些人进入各级政府机关，

极大地提高了政府机关的工作效率，有些人还成为辽朝的栋梁之材，张俭就是其中之一。

张俭是辽南京（今北京市）人，辽统和十四年（996年）考取状元，充任云州幕官，深得上司赏识。

按照辽朝制度，皇帝巡游到一地，当地长官要贡献本地土特产。有一次辽圣宗巡游至云州，云州节度使进言道："臣所治境内无他土特产，唯有幕僚张俭是一代之宝，愿将他奉献。"

也是事有凑巧，辽圣宗在出行之前，曾做了一个梦，梦见四人侍奉身边，赐每人食品二口，至此闻张俭之名，方悟此梦正应在张俭身上（张俭之"俭"字，繁体字写作"儉"，正是"四人二口"之象）。于是召见张俭，问答30余事，大合"圣意"。辽圣宗非

常高兴，立即将张俭调到中央政府工作。

张俭仕圣宗、兴宗两朝，历任知枢密院事、节度使、南院枢密使、左丞相等职，拜太师、中书令、加尚父，封韩王、陈王等，在相位20余年，政绩颇佳，为辽廷名臣。

还有些人在圣宗朝科举出仕，而在兴宗朝成为重臣。如杜防在圣宗朝录为进士，任枢密副使，兴宗朝拜南府宰相，道宗朝为右丞相，加尚父；杨皙在圣宗朝录为进士，任著作佐郎，兴宗朝历任枢密都承旨、枢密副使、节度使、知南院枢密使，赐同德功臣、尚书左仆射、兼中书令，拜枢密使，封赵国公、齐王、晋王、赵王等；杨佶在圣宗朝举进士第一，历任校书郎、谏议大夫、大理少卿、翰林学士等职，兴宗朝历任工部尚书、节度使、观察使、参知政事、知南院枢密使、吏部尚书等职，其在相位多年，被辽兴宗喻为姜子牙。

04

SHENG ZONG QIN ZHENG

第四章 圣宗亲政

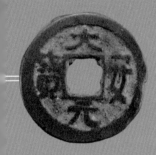

圣宗幼冲嗣位，政出慈闱。……然其践阼四十九年，理冤滞，举才行，察贪残，抑奢僭，录死事之子孙，振诸部之贫乏，责迎合不忠之罪，却高丽女乐之归。辽之诸帝，在位长久，令名无穷，其唯圣宗乎！

《辽史》

1. 姐妹恩怨

辽宋签订澶渊之盟后，双方从军事对抗变为和平相处，萧燕燕也把目光收回到国内，开始考虑还政给儿子的问题。

俗话说，知子莫若母。萧燕燕对儿子辽圣宗的执政能力很放心，对儿子的缺点也很清楚，那就是由于自己当政 20 多年对儿子造成了一定的负面影响，对女人、特别是对母性的依赖性太强。那么，自己一旦故去，儿子会依赖谁呢？这时一个人的影子出现在她的脑海里，那就是大姐齐王妃。

萧燕燕没有兄弟，只有姐妹三人。大姐嫁给齐王耶律罨撒葛为妃，称齐王妃；二姐嫁给宋王耶律喜隐为妃，称宋王妃。这三姐妹可谓是百花园中的奇葩，辽廷中的"霸王花"，契丹社会贵族中的贵族。

按理说，这三姐妹应该很好地享受这种特殊地位所带来的特殊荣誉，但是，现实却并非如此。三姐妹不仅没有亲姐热妹一般，而是互相争锋，成为政治敌手，原因也很简单，只因为一个"权"字。

二姐宋王妃，名字不详，嫁给宋王耶律喜隐是在萧燕燕嫁进宫之后。当时萧燕燕十六岁，宋王妃当在十八九岁以上。契丹女人有早婚的习俗，宋王妃嫁给耶律喜隐有可能是再嫁。不过，这并不重要，重要的是耶律喜隐也是皇权的有力竞争者。

耶律喜隐是辽太祖三子耶律李胡之子，是一个好大喜功、轻薄肤浅之人。他在辽穆宗朝因与父亲李胡谋反被下狱（960年），不久因父李胡病死狱中而被释放（961年）。但他出狱后，并没有悔改，而是接着又谋反，结果再次被下狱（961年），一关就是9年。辽景宗即位之后（969年），耶律喜隐以为

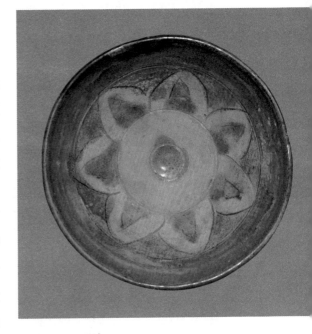

出头的日子到了，在没有得到赦免令的情况下，竟然私自打开枷锁跑到辽景宗面前要求册封。辽景宗见耶律喜隐如此蔑视自己，不禁大怒，下令将其再次关入狱中，并将看管他的狱卒斩首，以示警告。不过，辽景宗为了稳定时局，在几天后就又把他放了出来，封为宋王，并把自己的二大姨子嫁给他为妃。

辽景宗此举很明显，那就是想通过封爵和联婚来安抚耶律喜隐。不料，耶律喜隐自以为身价陡增，便不把皇帝放在眼里，竟显起皇帝二姐夫的威风来，就是辽景宗诏他商量事情，他也慢腾

腾不按时到达。辽景宗命人打了他几棍子以示惩罚，耶律喜隐竟然由此心生怨恨，进而产生图谋皇权的想法。当然，谋反的结果是失败，不仅被免去了一切职务，而且被罚到西南边境戍边（974年）。但是，耶律喜隐毕竟是皇帝二姐夫，或许是在宋王妃的要求下，一段时间后又被诏回京城，不久又被任命为西南面招讨使（977年）。按理说，耶律喜隐这回应该好好干工作，以报答皇帝隆恩才是，可他并没有这么想，也没有这么做，而是利用手中兵权，再次图谋皇位，结果也再次失败被囚于祖州城（980年）。

辽乾亨三年（981年），耶律喜隐之子留礼寿趁辽景宗率军南伐宋境之机，联合上京地区的一些汉军（宋军俘虏）作乱，攻打

祖州城，想把父亲耶律喜隐救出来拥立为皇帝，结果兵败被杀。这次事件，促使辽景宗和萧燕燕下了杀心，于次年（982年7月，即辽景宗病逝前两个月）将耶律喜隐赐死。

耶律喜隐屡屡谋反过程中，宋王妃的态度如何，是否参与，不得而知。不过，随着丈夫被赐死，宋王妃与三妹萧燕燕的关系也开始激化

起来，竟然产生毒死三妹的想法。这一天她把三妹请到府内饮宴，事先在酒中下毒，准备毒死三妹，不料萧燕燕早已从安插在宋王妃府中的眼线得到消息，当场让二姐喝下了自己酿造的毒酒（986年左右）。

齐王妃名叫胡辇，在萧燕燕嫁进宫之前，便嫁给齐王罨撒葛为妃。罨撒葛是胡辇、萧燕燕三姐妹的亲舅舅，因此两人的结合是契丹族典型的舅甥婚。罨撒葛是太宗皇帝嫡子、穆宗皇帝胞弟，曾代兄长处理朝政多年，是皇权的最有力竞争者，但因图谋皇位事败被罚在西北边境戍边，因此而失去了争夺皇权的机会。辽景宗即位后，罨撒葛或许曾试图抢夺皇权失败，抑或是根本顾不上抢夺皇权，便跑到西北沙陀诸部中躲藏起来。辽景宗派人诏他回朝，罨撒葛这才回朝觐见新皇帝。辽景宗或许是考虑到罨撒葛是自己大姨子丈夫之故，并没有为难他，而是施以笼络之策，封其为齐王（969年）。但是，三年后（972年），罨撒葛便病逝，时年只有38岁。

关于罨撒葛的死因，史籍中没有明确记载，不得而知。不过，随着罨撒葛的死，齐王妃与三妹萧燕燕之间的关系也随之微妙起来。毫无疑问，如果罨撒葛当上皇帝，那齐王妃就是皇后，可这一切都随着辽景宗夺取皇权、三妹入主后宫而破灭，齐王妃对三妹不可能没有想法；如果罨撒葛的死与政治有关的话，那齐王妃对三妹就更有想法了。不过，齐王妃并非等闲之人，而是一位巾帼英雄。丈夫罨撒葛代兄长处理朝政多年，她自然也知晓朝中之事，她曾随丈夫镇守西北边境，亦熟悉军中之事，政治经验自然要比二妹宋王妃丰富得多。因此，她并没有像二妹那样鲁莽地在酒中下毒想直接害死三妹，而是走了一条曲线，把赌注压在了小皇帝辽圣宗的身上。

辽圣宗即位时只有12岁，还是一个离不开母亲的孩子，由于

萧燕燕忙于处理国政，再加之对儿子要求比较严格，辽圣宗从母亲那里得到的母爱很少，更多是教诲和训诫，从而促使他把对母爱的需求转移到两个姨母的身上，由于二姨母宋王妃死得早，加之大姨母齐王妃的有意为之，辽圣宗对齐王妃的感情甚至超过了对母亲的感情。

作为政治家的萧燕燕自然把这一切都看在眼里，对大姐的企图自然也防着一手。但是，她并没有立即对大姐齐王妃下杀手，或许在她看来，自己忙于国事，不能给儿子母爱，儿子与姨母在一起，多多少少能够得到一些母爱的补偿。可随着时间的推移，辽圣宗逐渐长大成人，萧燕燕对儿子与大姨母的"特殊感情"不再熟视无睹，而是将大姐派到西北边境戍边，将两人分开。

从史籍记载来看，齐王妃在西北边境驻守几十年，这期间正是辽不断对宋用兵和西北阻卜诸部及西南党项诸部不断起兵反辽的时期，由于齐王妃对阻卜及党项反辽诸部的征伐和安抚策略得当而有效，从而使萧燕燕能够有足够的精力对付宋朝，并最终签订澶渊之盟。在这几十年间，齐王妃自然也是不断回朝，与辽圣宗见面，两人的感情并没有因

为分开而疏远，相反，由于齐王妃的有意为之，两人的感情还更加亲密，这一切自然也没有逃过萧燕燕的眼睛。

澶渊之盟签订后，辽廷有足够的兵力解决西北阻卜及党项诸部不断反辽的问题，齐王妃在西北戍边的使命也随之完成。

萧燕燕心里非常清楚，大姐齐王妃不仅手握重兵，而且还是齐王府的代表人物，而齐王府是太宗皇帝一支，如果自己离世而齐王妃还健在的话，儿子辽圣宗能够摆脱她的控制吗？如果让齐王妃摄政的话，那皇权早晚又得回到太宗皇帝一支人手中。因此，萧燕燕在与宋廷签订澶渊之盟后，便把大姐齐王妃锁定为重点排除目标，有意削弱其势力。

齐王妃心里早有准备，见三妹准备对自己下手，便暗中与西北阻卜诸部联络，准备割据边境与三妹抗衡，徐图良策。不料，没等行动开始便被三妹得知。萧燕燕抢先下手，将齐王妃调回南京削夺了她的兵权。

辽统和二十四年（1006 年），萧燕燕诏大姐齐王妃到夏捺钵地怀州

觐见，借机将其囚于怀州（今赤峰市巴林右旗境内），将其党羽全部处死，次年（1007年）将齐王妃赐死于囚所。

2．建中京归政

萧燕燕在解决两姐妹的同时，也在考虑影响儿子亲政的其他因素。在诸因素中，有三个因素是她不想、也不愿留给儿子的，那就是管理奚族、防御北宋、与北宋经济竞争。

辽太祖征服奚族后（911年），并没有将奚族完全纳入契丹管理体制，而是保留奚王府原有管理体制，给予其相对独立的政治地位。辽太宗以后诸帝，对奚族采取了逐步"瘦身"、削权策略，以期时机成熟时再将奚族完全消化掉。

辽统和十四年（996年），奚王和朔奴在率兵征讨兀惹部时因政策不当导致兵败，萧燕燕借机削去和朔奴奚王官职，将奚六部降格归属辽廷北宰相府管辖，从而将奚族完全纳入契丹管理体制。辽统和二十年（1002年），奚王府五帐六节度将七金山土河川（奚王牙帐地）献给辽廷，由此辽廷经过六帝近百年的努力，终于将

奚族消化掉。

但是，萧燕燕头脑非常清醒，辽廷只是从形式上消化掉了奚族（即奚王府不再以相对独立政权地位存在），奚族人并非真心归附辽廷，一旦有机会就可能起兵反叛辽廷。那么，如何管理已经纳入契丹管理体制的奚族，以防他们起兵反辽呢？其实，答案早就有了。如同建东京（今辽宁省辽阳市）管理渤海人，升幽州为南京管理燕云汉人一样，建筑一座京城来管理奚族人，是经过实践证明切实可行而有效的办法。

辽宋签订澶渊之盟后，双方使臣往来成为新常态。按照外交惯例，双方使臣是要觐见对方皇帝的。那么，辽廷皇帝在哪里接见宋使呢？很显然，最适合的固定场所应是南京（今北京市）和上京及附近（辽帝捺钵地），而辽帝在上京及附近的时间要远远的多于在南京的时间。因此，宋使要觐见辽帝，更多的时间是要到上京的，而这又是辽廷所不愿意的。原因也很简单，那就是辽宋虽然签订了澶渊之盟，但双方始终把对方作为假想敌，都对对方存在着戒备心理，辽廷当然是不会让宋人进入辽腹地，将自己的山川地形暴露给宋朝。

事实也是如此。北宋方面，明确规定出使辽廷的使臣回来后，要将在辽廷的所见所闻（主要是山川地形、驿道）写成书面报告，上交宋廷，以备了解辽廷之用，这里面当然不排除军事意图。辽廷方面是否知道宋廷的意图不得而知（根据有关资料记载，辽廷经常向中原派遣特工人员，以了解宋廷动向），但对北宋的军事行动肯定是有所防备的，因此选择一个接见宋使的合适场所显得尤为重要。

辽宋之间的经济竞争也是萧燕燕考虑的一个现实问题。澶渊之盟后，辽、宋关系进入了一个新的历史时期，双方从武力对抗、侵掠，发展到兄弟相称、和平相处，这种关系的转变，使辽廷不得不重新调整对宋政策。

辽以武建国，也以武为立国根本。辽强大的骑兵优势，使其在对中原政权的对抗中，特别是在对宋的对抗中，始终占据着主动地位。

澶渊之盟后，辽、宋化干戈为玉帛，军事冲突没有了，取而代之的是双方官员、百姓、经济、文化等诸方面的交流与接触。通过这些接触和交流，辽廷从太后、皇帝到达官显贵，再到普通百姓都明显地感觉到，辽除了在军事上对宋稍有优势外，诸如经济、文化等诸方面都要落后于宋朝，就是经济最发达的燕云十六州地

区，与宋朝相比也有很大的差距。

萧燕燕敏锐地观察到，澶渊之盟后，辽、宋已经由军事对抗转变为经济竞争。双方的国力对比，已经不再是比军事实力，而是比经济实力，而当时最能反映经济繁荣程度的就是京都的建设。

萧燕燕摄政时辽已经建有三京，上京建于太祖朝，东京和南京是太宗朝在东平府（今辽宁省辽阳市）和幽州城（今北京市）原有基础上修葺而成。三京都是以军事为目的而设置的，作用也各有侧重。上京地处契丹腹地，在总控全国的前提下，侧重于对诸部族的管理；东京主要是管理渤海人，控遏高丽；南京主要是管理燕云十六州地区的汉人，控遏中原。就三京的规模和繁华程度而言，都是无法与宋朝的汴京城（今河南省开封市）相比的，就经济而言，辽已然处于下风。

为了在与宋廷的竞争中不落下风，建筑一座以经济为目的的大城市，自然而然地提到辽廷的议事日程。

综合以上诸因素，选择地处上京与南京之间的奚族人居住地建筑新城最为适合。

辽统和二十五年（1007年）正月，萧燕燕在土河（今赤峰老哈河）上游的奚王牙帐地（今赤峰市宁城县大明镇），仿效宋汴京城的模式，开始动工建筑新城，次年五月建筑完工，取名中京。

之所以称为中京，是因为中京城正好位于上京、东京、南京三京交点处，从中京到其他三京的距离都差不多。

辽中京城建成后，不仅起到了管理奚族的重要作用，成为接待宋（包括西夏、高丽）使的重要场所，而且发展成为辽中后期经济最繁华的大都市。但是，中京并没有取代上京而成为辽的首都，与其他三京（辽兴宗又建筑了辽西京，即今山西省大同市）一样，中京也是上京的陪都，只不过中京主要是以发展经济为主，而其

他三京则是以军事目的为主。辽帝也不是经常地住在中京城，而是仍然游猎于四时捺钵地。

辽中京城虽然是萧燕燕为了管理奚族、接待宋使、向宋显示辽朝经济实力而建筑的，但是辽中京城建筑完成后，带动了辽朝的政治、经济、社会、文化等各方面的发展，成为辽王朝鼎盛的标志。

辽统和二十七年（1009 年）十一月，即辽中京城建筑完成一年后，萧燕燕觉得时机已经成熟，为儿子辽圣宗举行了柴册礼，正式归政于辽圣宗。或许是由于长期处于政治核心地位的缘故，萧燕燕在归政一个月后便病逝（1009 年 12 月），享年 57 岁。三个月后，祔葬于乾陵（即辽景宗陵墓，今辽宁省医巫闾山）。

萧燕燕是我国历史上著名的政治家、军事家，她辅佐丈夫辽景宗执政 13 年，又摄政辅佐儿子辽圣宗治国 27 年，活跃于辽政坛整整 40 年。期间辽朝由衰微走向中兴进而达到鼎盛，并由此奠定了辽王朝在东北亚的霸主地位。澶渊之盟更是萧燕燕的杰作，开启了辽、宋一百多年的和平之

门，促进了中华民族的交流、融合和中国社会的进步，谱写了中国历史新篇章。

3. 母后光环下的"老皇帝"

中国历史上摄政的事例很多，诸如西汉的吕后、北魏的冯太后、唐朝的武则天等，她们都是中国历史上响当当的人物，是中国历史上著名的女政治家。同时，她们又都有一个共同的爱好，那就是废掉或杀死不听话的皇帝，哪怕这个皇帝是自己的亲生骨肉。由此可见，被摄政的皇帝不好当啊！

辽圣宗坐上龙椅时只有 12 岁，还是一个小学没有毕业的孩子，这个年龄段的孩子，哪怕是坐到了龙椅上，当上了真皇帝，也不一定懂得皇帝的真正含义。因此，在最初的几年里，辽圣宗与摄

政母后之间并不存在着权力之争。但是，随着年龄的增长，辽圣宗懂得皇权重要性之后，必然就要涉及与母后协调关系的问题了，是夺回皇权，还是任由母亲说了算？

可以肯定的是，辽圣宗选择了一条明智而成功之路，那就是以母后为主，自己为辅，母子两人相辅相成、相得益彰。这样的选择，既与契丹族的民族性有关，更与萧燕燕的领袖气质有关。

契丹族是游牧民族，游牧政权中所特有的"女权政治"，使萧燕燕摄政被契丹社会所接受。契丹族信奉萨满教，相信鬼神的存在，崇拜英雄人物，而萧燕燕的英雄形象足以征服所有契丹人的心。

萧燕燕不论是辅佐丈夫治理国家期间，还是亲自摄政治理国家期间，对内广施仁政，助契丹辽王朝走上鼎盛；对外恩威并举，使契丹辽王朝成为地区霸主。这样的卓著功绩，不仅使她在契丹人心目中具有崇高的威望，甚至成为契丹人的精神领袖。

《辽史》记载了这样一则故事：北宋雍熙北伐期间，辽兵追击宋东路军进入宋境后，正赶上萧燕燕过生日（986 年 5 月，由此可知萧燕燕出生在此月，有研究者认为萧燕燕生日为五月初五），辽兵竟然放弃追击宋军，纷纷赶往萧燕燕行在为其祝寿，待过完生日后才南返接着追击宋军。由此不难看出，萧燕燕在契丹人心

目中的地位。

辽圣宗自然也不例外，也被母后的人格魅力和治国能力所征服。想的不是如何从母后手中夺回皇权，如何与母后抗衡，而是如何从母后那里学习治国安邦之道。久而久之，母后的一些治国思想和理念被辽圣宗所接受，从而自觉地以母后为主。但是，这并不等于辽圣宗完全顺从于母后，一点思想、一点政见也没有。

萧燕燕无疑是一名成功的政治家，一名优秀的国家领导人。这样的人自然是不会坐视一个碌碌无为的儿子坐在龙椅上的。况且她还有两个儿子可以选择，如果辽圣宗是一个无所作为的皇帝，萧燕燕肯定是不会让他坐在龙椅上的。也就是说，辽圣宗虽然被摄政，但是，他必须要当好这个皇帝，要有所作为，否则就有可能被母后废掉。

可以肯定的是，辽圣宗也是一个很有作为的皇帝，在母后摄政期间就已经开始处理朝政了。其执政理念和治国思想与母后的执政理念和治国思想融为一体，相得益彰。母子两人很少发生矛盾，即使是发生了矛盾，辽圣宗也能理智地以母后为主，自己退于次席。这样做的结果，不仅将契丹辽王朝推向鼎盛，也成就了自己辽盛世之主的名声。

辽统和二十七年（1009年）十二月，辽圣宗在母后病逝后正

式亲政。此时辽圣宗已经被摄政 27 年，从 12 岁的小皇帝变成了
39 岁的老皇帝。

4. 亲政树威

辽圣宗亲政时虽然已经当了 27 年的皇帝，但是由于母后萧燕
燕过于伟大和强势，他这个皇帝只能生活和工作在母后的光环下，
很难有独立表现才能的机会，一些官员对他的态度，显然也要看
母后的眼色。因此他亲政后想要做的第一件事便是树立自己的权
威。这其中，"太上皇"韩德让和二弟耶律隆绪是他重点要打压
的两个人。

"太上皇"韩德让

韩德让是玉田韩氏家族在辽廷第三代人中的代表人物，也是
终辽一世汉族知识分子在辽廷为官者中官职最高、权势最大的人
物，同时也是契丹辽王朝走向鼎盛的主要功臣之一。

韩德让出生于辽会同三年（940 年），早年事迹不详，据说曾
与小于他 12 岁的萧燕燕订有婚约。辽保宁元年（969 年左右），
萧燕燕被辽景宗纳入宫中，韩德让也随之进宫为侍从，不久便出

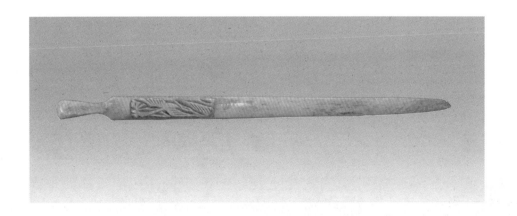

任东头承奉官、补枢密院通事，不久又升任上京皇城使、代父韩匡嗣为上京留守。

辽乾亨元年（979年），韩德让代父留守南京，到任不久便发生了宋军北伐收复燕云的战争（即南京保卫战）。韩德让率领南京城内军民奋力守城待援军到来，最终打败了宋军，因功被授予辽兴军节度使。辽乾亨三年（981年）迁升为南院枢密使兼行营都部署，执掌汉军。

辽乾亨四年（982年），辽景宗病逝，韩德让与大臣耶律斜轸合力稳定住时局，将12岁的辽圣宗扶上皇位、实现萧燕燕摄政后，被授予总理宿卫大权。在此期间他与萧燕燕的旧情复发，成为事实上的夫妻，不久萧燕燕派人将韩德让妻子李氏杀死，两人终成"眷属"。辽统和元年（983年）加开府仪同三司；辽统和三年（985年）兼政事令。

辽统和四年（986年），韩德让协助萧燕燕击退宋军三路北伐（即雍熙北伐），以功加守司空、封楚国公，与北府宰相室昉共执朝政。自此韩德让从后台走到前台成为辽廷重臣，以南院枢密使兼政事令的身份执掌朝政。

　　辽统和六年（988 年），萧燕燕正式下嫁给韩德让（同卧起如夫妻，共案而食），韩德让由此成为辽圣宗的继父，辽廷"太上皇"，权势和地位更为显赫。辽统和十二年（994 年）室昉致仕，韩德让以南院枢密使兼北府宰相、监修国史、赐兴化功臣，不久又加守太保兼政事令；辽统和十七年（999 年）耶律斜轸病逝，韩德让又兼北院枢密使，集辽廷蕃汉、军政大权于一身，不久又官拜大丞相、晋封齐国王，至此韩德让官臻人臣之极。

　　辽统和十九年（1001 年），韩德让被赐名德昌；辽统和二十二年（1004 年）辽廷与宋签订"澶渊之盟"，韩德让被赐国姓耶律，晋封晋王；辽统和二十三年（1005 年）韩德让免去奴隶身份，隶横帐季父房（即辽太祖父亲之后裔），列于辽景宗庙位，位居诸亲王之上。至此，韩德让完成了从奴隶到横帐皇族的华丽蜕变。

　　随着身份的转变，韩德让还被特许设置宫卫（即斡鲁朵）。辽制，只有皇帝和摄政太后才享有设置宫卫的特权。终辽一世共有 13 个人享有此特权，即 9 个皇帝、述律平和萧燕燕、辽圣宗之弟耶律隆庆、韩德让。由此可见，韩德让已经享有了与皇帝、摄政太后一样的特权。

当然，韩德让对辽廷的贡献与其官职是相称的，正是他与萧燕燕的强强结合，才造就了契丹辽王朝的鼎盛之世。同时，韩德让也确实是一位辅政良臣，这从一个事例中就可以看得出来。

韩德让以汉人和奴隶身份权倾朝野，自然也引起了一些契丹贵族们的不满，当时有一个叫耶律乌不吕的人，是仲父房皇族人（即辽太祖三伯父于越释鲁后裔），对韩德让很是不服，曾当面污辱过韩德让，韩德让对此不仅没有恼怒，在担任大丞相后还推荐其担任统军使镇守边关。萧燕燕有些不解地问："他曾对你出言不逊，你为什么还要提拔他呢？"韩德让回答说："臣尊居相位，他都不屈服臣，何况其他的人？通过这件事，臣知道他是可用之人，如果让他去镇守边关，定能镇抚诸蕃。"

通过这件事可以看得出来，韩德让是一个不计私仇、宽宏大度、知人善任的人，有这样的人执掌朝政，契丹辽王朝焉能不兴旺发达。

但是，事物都是一分为二的，韩德让在辅佐萧燕燕母子把辽朝推上鼎盛的同时，也给辽朝埋下了内乱的后患，并最终导致了辽圣宗朝后期后宫权争及萧耨斤摄政，从而使辽朝开始走下坡路，当然这是后话。

从韩德让的履历来看，他是随着萧燕燕在辽廷统治地位的巩固，官职和权势才不断得到提升的。也就是说，由于萧燕燕的关系，韩德让才拥有了几乎是至高无上的权力。这自然要引起契丹显贵们的不满和嫉妒。因此，当韩德让病逝，六院皇族人耶律室鲁被任命为北院枢密使的当天，辽廷诸多大臣竟然兴高采烈地庆祝了一番，而在不满和嫉妒的人之中，有可能就包括皇帝辽圣宗。

辽圣宗在母后在世时，对韩德让是以父事之的，隔三岔五便到韩德让大帐问候起居，并且在距离大帐五十余步的地方下车，步行至帐前，韩德让出帐迎接时，辽圣宗先行揖礼，进入大帐后，

再行家人礼；同时，辽圣宗还命三弟耶律隆裕每天都要到韩德让大帐问安，在距离大帐二里处便下车步行，告别时隆裕等人还要列队揖拜于帐外，韩德让则坐着接受揖拜等。

从辽圣宗对韩德让以父事之来看，他不仅接受了韩德让这个"太上皇"，而且还是"见则尽敬"，但是，从他在母后病逝后的反应来看，这样做却并非完全出于真心。

辽圣宗在安葬母后（1010 年 4 月）的当日，便赐韩德让名字为隆运，并且解释说这是"朕其御讳"。对于一般的人来说，这确实是莫大的恩赐，皇帝能把自己的名字所占的"隆"字，赐给臣子，那当然是臣子的最大荣宠了，可对于韩德让来说，就有了另外的含义。

韩德让曾被萧燕燕赐姓名为耶律德昌，是辽圣宗的父辈，如今被赐名为耶律隆运，就是降低了一辈，与辽圣宗平辈了。从中不难看出，这是辽圣宗有意在打压韩德让，用意很明显，那就是

让韩德让明白君臣有别。

不过，辽圣宗毕竟是盛世之主，既从心里敬重韩德让的人品，也对韩德让对辽廷的贡献给予充分肯定，因此，对韩德让的打压也就到此为止。接着，他便赐予韩德让宅院及允许其死后陪葬母后。

韩德让对于辽圣宗对自己的打压自然也是心知肚明，但他并没有计较，对辽圣宗仍然是忠心耿耿，并以七十岁高龄跟随辽圣宗东征高丽，结果在回来不久（1011年，萧燕燕病逝一年零三个月）病逝，终年71岁。辽圣宗对韩德让的病逝，显得很是悲伤，追赠其为尚书令，谥文忠，给予葬具，葬于乾陵侧。在出殡时，辽圣宗还亲自挽拉灵车哭送百余步，在群臣的劝说下才停止相送，同时下诏，各地所建景宗御容殿内，都要放置韩德让的肖像。

关于萧燕燕与韩德让还有一个令人感兴趣的问题，那就是两人是否生育子嗣。关于这一点史籍中有这样的一些记载：一是宋人路振（北宋著名史学家）曾于1008年奉宋真宗之命出使辽国，回来后将在辽国所见所闻撰写成《乘轺录》，其中记载韩德让与萧燕燕曾生育一子，后封楚王（未几而生楚王，为韩氏子也）。二是《辽史》记载萧燕燕与辽景宗生育三子，其中第三子耶律隆裕曾封楚王。《乘轺录》所说楚王是否就是耶律隆裕，不得而知，因耶律隆裕曾在980年（时年六岁）被封郑王，而韩德让与萧燕燕结合是在辽景宗病逝后的982年，时间上有差异，耶律隆裕为韩德让之子似有不妥。不过，据《契丹国志》记载，韩德让无有子嗣，辽圣宗特意下诏命耶律隆裕之子耶律宗业为韩德让继子，死后也葬于乾陵；耶律宗业无子，辽帝又令耶律宗业同母弟耶律宗范为韩德让继子。此后，辽道宗又下令耶律隆裕的第三子耶律帖不之子耶鲁为韩德让继子，辽天祚帝以自己的长子敖鲁斡为韩德让后嗣，以承继香火。

从以上史籍记载来看，耶律隆裕是韩德让与萧燕燕之子也并非不可能，如果真是这样的话，那么《辽史》有关耶律隆裕的记载就是有意讳饰了。

皇弟耶律隆庆

萧燕燕与景宗生子三人，长子耶律隆绪（辽圣宗）、次子耶律隆庆、三子耶律隆裕，在三子当中，萧燕燕最为钟爱的并不是长子耶律隆绪，而是次子耶律隆庆。

耶律隆庆，字燕隐，小字普贤奴，生于辽保宁五年（973年），少年老成，自幼喜欢玩一些行军打仗的游戏，自任指挥官，意气风发，指挥若定，众孩提都不敢违背他的命令，景宗曾高兴地夸赞说："此吾家生马驹也。"成年后擅长骑射，常常跟随母后一起出征。

辽统和十六年（998年）耶律休哥病逝，耶律隆庆被封为梁国王，接替耶律休哥出任南京留守。辽统和十七年（999年）耶律隆庆出任辽南伐先锋官，在定州打败宋将范廷召、活捉宋将康保裔。辽统和十九年（1001年）耶律隆庆再次出任辽南伐先锋官，在遂城打败宋军，进至满城因道路泥泞而撤军。此后，耶律隆庆又多次随母后南伐，以功拜为兵马大元帅，"澶渊之盟"后，耶律隆庆仍出任南京留守。

南京是辽王朝最为富庶的地区，耶律隆庆因此也富甲天下，称雄一方。不仅使用的物品颇为奢华，而且还把燕地美女纳为妃子，妻妾成群，每年前往母后夏捺钵地觐见时，其车仗仪式及奢华程度往往要超过皇帝辽圣宗的仪仗规模，而萧燕燕对此也从不加以限制，仍对耶律隆庆宠爱有加。以至于辽廷出现了萧燕燕要用耶律隆庆取代辽圣宗为皇帝的传言，甚至这个传言还流传到宋人耳中，就连韩德让对耶律隆庆也颇为猜忌。

不过，可以肯定的是，萧燕燕作为一名成功的政治家，很好地把握了政治与亲情的关系，她没有像太姥姥述律平当年那样，

去做废长而立次的事情，甚或是连这方面的想法从来都没有产生过。

至于耶律隆庆有没有取兄长而代之的想法，就不得而知了。不过，可以肯定的是，他的所作所为已经凌驾于皇帝兄长之上，诸大臣们看得出来，辽圣宗也感觉得到，心里也很清楚，二弟是自己皇位的最大威胁。但是，辽圣宗显然要比二弟耶律隆庆成熟的多，深知母后不会做废长而立次的事情，因此在母后在世时，并没有对二弟采取什么措施，也没有与二弟发生直接冲突，只是在心里暗暗地防着二弟。当母后病逝后，辽圣宗对二弟自然就要动一动手，看一看二弟的反应了。

辽统和二十八年（1010 年）辽圣宗准备举兵征伐高丽，下诏耶律隆庆率兵从征，而耶律隆庆却以种种理由加以推托，兄弟两人的关系开始紧张起来。

辽圣宗见二弟公开对抗自己，决定对其出手了。但是，他并没有立即向二弟举起大棒，而是先施以笼络安抚之策，加封其为晋国王、

守太师、兼政事令，不久又晋封其为秦晋国王，赐以丹书铁券，然后才诏其来京觐见，以便见机行事。

耶律隆庆也不傻，知道皇帝兄长的用心，便以种种理由推辞不进京觐见，暗地里缮修兵器，召集兵马，并派人结交朝中权贵，甚至遣人与宋朝联系，争取外援，做着应变的准备。

由于宋真宗不想破坏南北得来不易的和平局面，不仅没有理会耶律隆庆的主动示好，而且还下令边境官员不得参与辽廷内部事务，以防惹火烧身。

耶律隆庆的活动，当然在辽圣宗的掌握之中，他见二弟已经展开手脚与自己对抗，也加紧了行动步伐，一方面利用玉田韩氏（即韩德让家族）家族的势力来抗衡耶律隆庆的势力，任命韩制心（韩德让死后，韩氏家族的代表人物）为辽兴军节度使，驻守平州，牵制南京守军，使耶律隆庆不敢造次举兵行动；一方面，不断下诏催二弟回京城觐见，以见机加以控制。

耶律隆庆在兄长的压力下，终于挺不住了，于辽开泰五年（1016年）九月，回到上京觐

见辽圣宗。

辽圣宗显得很热情，出京城几里相迎，兄弟两人一同射猎，同吃同住，形影不离。在此期间，辽圣宗封耶律隆庆的长子耶律查哥为中山郡王、次子耶律遂哥为乐安郡王。如此看来，兄弟两人关系融洽，并无矛盾冲突。但是，三个月后，耶律隆庆在返回南京途经北安州（今河北省承德市境内）洗浴时，却突然暴病身亡。辽圣宗得到二弟的死讯后，显得非常悲伤，辍朝七日以示悼念，并追封其为皇太弟。

东征高丽

辽圣宗刚刚亲政，高丽便发生了内乱，为辽圣宗率军出征树威提供了机会。

高丽，是王建（朝鲜半岛上泰封国大将）于918年在朝鲜半岛上建立的一个国家，建国后与契丹的关系还算可以，双方偶有往来，但是随着契丹灭亡渤海国（926年），一些渤海贵族逃进高丽避难，高丽国与契丹的关系也随之变冷。在随后的几十年间，高丽不仅与中原的宋朝联系密切，试图联手宋廷对抗契丹，而且女真诸部屡屡叛辽的背后，也有高丽的影子。当然，这一切也都在辽廷的掌握之中。为此，萧燕燕在摄政的第二年（983年）便准备起兵征讨高丽，以切断其与宋朝的联系。由于得到宋廷准备北伐的消息，萧燕燕才取消了东征高丽的打算。辽统和三年（985年）萧燕燕下令诸军整顿兵马，再次准备东征高丽，又由于连阴雨道路泥泞而被迫取消东征。

辽统和十年（992年），萧燕燕派兵东征高丽，辽兵在边境上击溃高丽边防守军的阻击，攻陷其边城，迫使高丽国王王治奉表称臣。萧燕燕见威慑高丽的目的已经达到，便适可而止，同时将女真鸭绿江以东数百里地赐给了高丽加以笼络。从此，辽与高丽确立了宗属国关系，高丽连年向辽廷纳贡，并派童子到辽学习契丹语言，萧燕燕还应高丽国王王治所求，将驸马萧恒德之女下嫁给他，双方联姻，互派使臣，往来问安不断。但是，所有的这一切，都随着萧燕燕病逝、辽圣宗亲政而结束。

辽统和二十八年（1010 年）五月，高丽西京留守康肇发动政变，杀死国王王诵，拥立王诵从兄王询为国王，引起高丽政坛动荡。本来这是高丽内政，可刚刚亲政半年的辽圣宗，正在寻找建功树威的机会，便立即决定亲率大军东征高丽。

当然，这样草率的决定，也遭到了一些大臣们的反对，只是辽圣宗急于建功树威，没有采纳这些正确意见，于当年八月下诏以萧排押为都统，准备亲率大军东征高丽。

高丽国王王询得知这一消息后，急忙派使奉表称臣，请求辽廷罢兵。辽圣宗主意已定，不许高丽请降，于当年十一月率大军渡过鸭绿江，分路进攻高丽腹地，辽先锋部队很快逼近铜州。

高丽铜州守将正是康肇，采取主动迎敌之策，率守军出城分三路抵抗辽军进攻，结果被辽军打败，康肇逃回铜州再组织人马出城迎战时被辽兵俘虏，高丽军溃败而逃。与此同时辽主力部队赶到，与先锋部队合军追击高丽溃军，斩杀三万余人，迫使高丽铜、霍、贵、宁等四州皆开门迎降，辽大军进至高丽首都开京（今朝鲜开城）附近。

高丽国王王询见辽兵来势汹涌，便采取缓兵之计，再次上表乞降，表示愿意亲自入辽朝贡，以此来延迟辽兵的进攻速度。

辽圣宗就纳降一事征求诸将意见，有人提出王询这么快就投降，其中肯定有诈，应该等到他无还手之力时再纳降；但大多数将领认为应该接受王询投降请求。辽圣宗于是采纳多数人的意见，下令停止进攻，派人前往开京纳降。

此时王询已经借辽兵停止进攻之机，命高丽军坚壁清野，做好了与辽兵长期作战的准备，遂派兵袭击了前往开京纳降的辽官兵。

辽圣宗见王询果然是诈降，不禁大怒，立即命令部队分头攻打开京和西京（今朝鲜平壤）。

王询得到辽兵即将攻到开京城下的消息后，吓得弃城而逃，辽兵遂攻陷开京城。

辽兵虽然攻下了高丽都城开京，但却陷入了困境之中。一是辽兵远征，后方供给严重不足；二是高丽军化整为零，利用复杂地形不断袭扰辽兵，辽兵却很难寻歼高丽主力部队。

鉴于此，辽圣宗遂于第二年（1011年）正月下令班师。随着

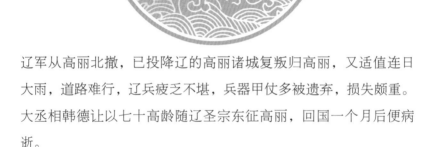

辽军从高丽北撤，已投降辽的高丽诸城复叛归高丽，又适值连日大雨，道路难行，辽兵疲乏不堪，兵器甲仗多被遗弃，损失颇重。大丞相韩德让以七十高龄随辽圣宗东征高丽，回国一个月后便病逝。

高丽国王王询虽然从开京逃脱，没有成为辽兵的俘虏，却也是损失惨重，对辽兵心有余悸，于辽开泰元年（1012年）四月，再次派使臣到辽"乞称臣如旧"。

按理说，辽圣宗亲征高丽的目的，就是想彰显武功，让王询向自己俯首听命，如今目的已经达到，就坎骑驴，见好就收也就完事大吉。可他没有在战场上使王询屈服，心里总是有些不得劲。见王询主动称臣纳贡，就又耍起威风来，下诏要求王询亲自到辽京城来上贡。

王询自然是不敢，托病推辞不能亲自到辽京觐见。辽圣宗于是就又下诏高丽把辽廷先前赐予高丽的鸭绿江以东之地还给辽廷，并遣耶律资忠前去索要。王询对此只是应付了事，并没有还地之意。

辽开泰三年（1014年），辽圣宗再次派耶律资忠去高丽索地，不料王询不但没有归还土地，而且还把耶律资忠给扣了下来。

这下，辽圣宗来了脾气，在接下来的几年间，连续对高丽用兵。辽开泰四年（1015年）正月，命萧敌烈、耶律团石等分道进攻高丽；是年五月，命北院枢密使耶律世良统兵东征高丽；辽开泰六年（1017年）二月，命国舅详稳萧隗洼率本部兵马再次东征高丽，五月，又以新任北院枢密使萧合卓为都统，汉人行宫都部署王继忠为副，统大军东征高丽；辽开泰七年（1018年）十月，命东平郡王萧排押为都统率军再次大举东征高丽；次年八月，命郎君曷不吕率诸部兵马东征高丽，等等。

辽兵连年东征高丽，虽然没有征服高丽，却也给高丽造成了

巨大的损失，高丽国王王询不堪重负，再次派人到辽廷求和，为了表示诚意，还将扣留了六年的辽使臣耶律资忠放回。

而此时的辽圣宗，也正在为高丽战争犯愁。对高丽的连年战争，也给辽造成了巨大的损失，物资损耗，马匹锐减，为了维持对高丽的战争，不得不搜刮民间马匹来充实东征军队。特别是最后这次东征高丽，损兵折将，民怨微起。辽圣宗不得不出面安抚东征将士：奖赏东征高丽的渤海籍有功将校；赏赐东征高丽的南皮室军有功人员；加封东征高丽阵亡将校的妻子；对东征高丽阵亡将士们的子女进行登记，给予慰抚等等。

从中不难看出，就辽朝而言，从君臣到百姓，对这场战争都产生了厌倦情绪。但是，作为战争的始作俑者，辽圣宗当然不愿就这么结束战争，当初发动这场战争，就是为了显示武功，树立威信，怎么能就这样灰溜溜的收场呢？为了脸面，也要硬撑着。

王询再次主动求和，可以说是给了正处于两难境地的辽圣宗一个台阶，于是就顺水推舟，同意了高丽的求和，两国战争终于画上了一个句号（1020 年）。

辽圣宗逞亲政之勇，发动了对高丽的战争，不料这场战争一打就是 10 年。这 10 年间，辽主动出兵征伐高丽至少 7 次之多，结果是有胜有负。就战争的目的而言，辽圣宗并没有达到预期目的，因为高丽国王王询并不是在辽兵刀架脖子的情况下投降的。但就战争结果而言，辽圣宗无疑又是胜利者。就如同十几年前的"澶渊之盟"一样，辽兵虽然没有取得战场上的绝对胜利，但却得到了战场上想得而没有得到的东西，那就是高丽每年向辽廷纳贡。不仅如此，如同"澶渊之盟"使辽宋建立了百年和平友好关系一样，辽与高丽的友好关系也自此保持到辽末。

5．施政概略

中国历史上出现过许多盛世，如西汉的"文景之治"，唐朝的"贞观之治""开元盛世"，清朝的"康乾盛世"等等。契丹辽王朝也有盛世，那就是辽圣宗执政时期，这一时期是辽王朝立世二百余年间社会发展最好时期，称为辽王朝盛世实不为过。

当然，只有盛世明君才能开创盛世时代，从这一点来说，辽圣宗自然就是辽王朝的盛世明君。

辽圣宗被称为辽王朝盛世明君，虽然有其母后萧燕燕的大半功劳，但也并非浪得虚名。辽圣宗是辽朝的第六位皇帝，无论是与太祖、太宗、世宗、穆宗、景宗等前五任皇帝相比，还是与兴宗、道宗、天祚等后三任皇帝相比，其执政时期，辽朝政治、经济、外交、法律、文化等诸方面都是最好的，称其为辽朝盛世明君实至名归。

那么，辽圣宗是如何开创辽王朝盛世的呢？根据《辽史》，我们将辽圣宗施政特点作一概略介绍。

纳谏

中国历史上有许多盛世明君，他们大多都能做到纳谏，其中唐太宗李世民与魏徵的故事至今仍为世人所津津乐道。辽圣宗虽然没有像唐太宗李世民那样从谏如流，但在纳谏这方面，相对来讲也是不错的，这也是他能够开创辽王朝盛世的原因之一。

辽圣宗即位伊始便收到一份谏言书，这就是北府宰相室昉进献的《尚书·无逸篇》。室昉是辽王朝中前期著名政治人物，是《辽史》记载汉人科举入仕的第一人，历辽太宗、辽世宗、辽穆宗、辽景宗、辽圣宗五朝。其中在辽景宗朝官至枢密使兼北府宰相，成为汉人在辽廷担任北府宰相第一人。同时兼修国史，于辽圣宗朝主持编纂《辽朝实录》20 卷（991 年），这也是辽王朝建国以来所编纂的第一部比较完整的史籍。

《尚书·无逸篇》讲的是周公告诫周成王的故事，其中心内容是劝谏君主勤政恤民，不贪安乐，不怠政务，要善于听取别人的劝告，这样才能够在位长久。室昉在辽圣宗即位伊始进献此书，用意非常明显，就是劝谏辽圣宗要作圣主明君。从辽圣宗执政近半个世纪（在位 49 年）的过程来看，这篇文章对他有着重大而深远的影响。

辽圣宗即位时只有 12 岁，如果说他在即位之初的几年里，因年龄太小，还不懂得皇权的重要性，与母后之间不存在权力之争的话，那么随着年龄的增长，必然要涉及与母后协调好权力关系的问题。

根据史籍记载，辽圣宗在被摄政的 27 年间，母亲萧燕燕对他的管教是非常严厉的，动辄训诫，辽圣宗则从不反驳，更没有从母后手里抢夺皇权的行为。这里面固然有辽圣宗子听母言孝的一面，但也反映出辽圣宗作为一个皇帝勇于纳谏的胸怀。实践证明，正是因为辽圣宗能够听从母后教诲，以母后为主，自己为辅，母子两人相辅相成，相得益彰，从而将契丹辽王朝推向鼎盛，也成就了自己辽盛世之主的名声。

契丹民族是马背民族，喝酒打猎是契丹人的习性，辽圣宗自然也不例外。他当了皇帝后，也经常喝酒行猎，有时喝酒喝高兴了，就在酒席宴间处理朝政，任免官员、颁行诛罚赏赐等。时任北府宰相刘慎行谏劝说："宴饮时凭一时喜怒加威赐福，恐怕不妥。"

辽圣宗听后，觉得很有道理，就尽量避免在酒宴上处理朝政，并"诏政事省、枢密院，酒间授官、释罪，毋即奉行，明日覆奏"，从而大大避免了行政过失的发生。

佛教自契丹建国初期进入契丹社会，逐渐传播开来，至辽圣宗朝时兴起佛教热，剃度为僧侣、尼姑者渐众，一些皇族贵戚、达官显贵大肆建造寺院、庙宇。辽廷不得不下诏取消全部无名寺院，禁止私自出家为僧侣、尼姑。辽世宗次女晋国长公主耶律观音在南京修建一座佛寺，请求辽圣宗赐给寺名。辽圣宗碍于面子，准备答应赐给匾额。室防上书劝谏说："诏书下令取消全部无名寺院，今天因为公主请求便赐给寺名，不但违背以前诏令，而且恐怕此风会愈演愈烈。"辽圣宗觉得有道理，便听从了室防的劝谏，没有赐给晋国长公主寺名。

契丹族原来实行连坐之法，即叛逆者之家，家人不知情者亦连坐。契丹建国后这一习惯法一直被保留下来。辽圣宗即位后，北院宣徽使耶律阿没里上书谏言："夫兄弟虽曰同胞，赋性各异，一行逆谋，虽不与知，辄坐以法，是刑及无罪也。自今，虽同居兄弟，不知情者免连坐。"辽圣宗与母亲萧燕燕觉得有道理，便下诏废

除此法。

打马球亦称击鞠，是一项马上对抗、有身体接触、带有搏击性质的群体性游戏运动，辽代社会上层贵族中非常盛行此项运动。打马球也是一项危险性运动。《辽史》记载，有一次打马球时，有一个叫胡里室的契丹人将韩德让撞于马下，承天太后萧燕燕不禁大怒，当即下令将此人斩首（988年）。有一个叫贯宁的乙室部酋长在一次打马球时被部下撞于马下，当场身亡（989年）。由此可见，打马球运动对抗是非常激烈的，有时会伤人甚至是死人。

辽圣宗尤其喜欢打马球，即位之后经常与臣下一起分组打马球，自然也避免不了会发生身体接触、君臣争球、甚或是受伤的现象，时任谏议大夫马得臣便上书加以劝谏。

马得臣，辽南京（今北京市）人，好学博古，尤其擅长做文章，辽景宗朝累官至政事舍人、翰林学士，参与朝政，以正直著称。辽圣宗即位，承天太后萧燕燕摄政，马得臣兼任辽圣宗侍读。他见辽圣宗喜欢阅读唐高祖、唐太宗、唐玄宗三人本纪，便辑录这三人中可供辽圣宗效仿的事迹呈上，以便辽圣宗集中阅读。同时劝谏辽

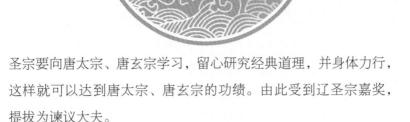

圣宗要向唐太宗、唐玄宗学习，留心研究经典道理，并身体力行，这样就可以达到唐太宗、唐玄宗的功绩。由此受到辽圣宗嘉奖，提拔为谏议大夫。

马得臣见辽圣宗打马球无度，便上书加以劝谏，提出辽圣宗打马球有三点不合适：一是上下分组对抗、君臣互相争胜，君主得球臣子抢夺，君主输球臣子喜欢；二是上下往来、纵横交错，前后拦截制约，竞争之心忿然而起，礼节仪表全都丧失，如果只管挥舞月杖，误触陛下衣裳，臣子实在失态无礼，但君主也难以责备；三是看轻万乘之主的尊贵，追逐球场上的娱乐，场地虽然平坦，却也十分坚硬，马匹虽然优良，有时也会受惊，有时因为奔跑击球，失去控制，圣上身体哪会没有损伤？太后怎么会不担忧受怕呢？劝谏辽圣宗以社稷为重，停止这种危险的游戏运动。

辽圣宗接到马得臣的谏书后，在给予马得臣大大嘉奖的同时，采纳其谏言，自此之后，减少了打马球的次数。《辽史·游幸表》记载辽圣宗打马球 4 次，其中马得臣上谏书前 3 次，之后只有 1 次。虽然不排除有漏记现象，但从中也不难发现，辽圣宗纳谏的诚意。

"雍熙北伐"后（986 年），辽廷开始连年出兵伐宋，辽兵在宋境大肆烧杀抢掠，马得臣对辽圣宗说，降卒不能杀，逃跑的人也不要追杀。辽圣宗听从这一建议，下诏不许乱杀，从而减少了辽兵在宋境的乱杀行为。

辽圣宗在位 49 年（982 年——931 年），期间是辽王朝的鼎盛时期。如同唐太宗从谏如流与其开创"贞观之治"密不可分一样，辽圣宗能够开创辽王朝盛世，与他广言纳谏也是分不开的。

睦邻友好

"澶渊之盟"后，辽廷逐渐确立了东北亚强主地位，但辽圣宗并没有以强凌弱，而是与四周临国临部和平相处，睦邻友好。

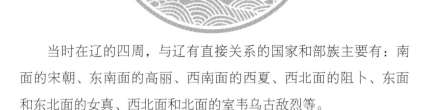

当时在辽的四周，与辽有直接关系的国家和部族主要有：南面的宋朝、东南面的高丽、西南面的西夏、西北面的阻卜、东面和东北面的女真、西北面和北面的室韦乌古敌烈等。

东南面的高丽，原来与辽的关系始终是不冷不热。辽圣宗亲政后，借高丽国政变之机，对高丽发动了10年战争，终于迫使高丽向辽称臣纳贡。为了表示友好诚意，辽圣宗遣使到高丽，对高丽国王王询的抗辽之罪给予赦免，并允许他继续主持高丽国政。王询死后（1022年），辽圣宗遣使到高丽册立其子王钦为高丽国王。从此高丽为辽属国，每年向辽纳贡，双方睦邻友好。

西南面的西夏，自辽廷册封李继迁为夏国王（990年）始，就与辽保持着纳贡关系。辽圣宗亲政后，遣使册封李德昭为夏国王，西夏以属国的身份与辽保持着纳贡关系。

西北部的阻卜诸部族，自辽太祖朝被征服后，为辽属国或属部，不定时向辽朝贡，与辽的关系始终是时附时叛。辽圣宗亲政后，在阻卜诸部设置节度使，以加强对阻卜诸部的管理。由于出任阻卜诸部节度使的辽廷官员执行政策不当，反而引起阻卜诸部的不满纷纷反叛。辽圣宗先后派辽廷重臣率兵平叛，经过十几年的征讨，终于迫使阻卜诸部臣服于辽，一直到辽道宗朝初期，在近半个世纪的时间里，阻卜诸部没有再反叛辽廷，每年向辽廷纳贡。

东面和东北面的女真诸部，以属国、属部的形式向辽廷称臣纳贡，但也时有反叛。自辽统和三年（985年）辽廷派耶律斜轸、萧挞凛对女真诸叛部进行大规模征讨后，女真诸部对辽廷基本上保持恭顺，朝贡不断。辽圣宗亲政后，女真诸部与辽的关系更加密切，不但每年朝贡，而且还派兵从征高丽，朝贡的人数也不断增多。如辽开泰元年（1012年），长白山三十部女真酋长亲来辽都纳贡，并请求册封。

北面和西北面的乌古敌烈诸部，虽然在辽太祖朝便被征服成为辽的属部，但也时服时叛。辽圣宗亲政后，乌古敌烈诸部由于受阻卜诸部反叛的影响，再次发生反叛。辽圣宗派耶律世良等进行征讨，使乌古敌烈诸部归附辽廷，纳贡如常。

辽圣宗亲政后虽然派兵征高丽、伐阻卜，但并不是一个穷兵黩武的帝王，而且会对领兵将领滥用武力的行为进行严厉责罚。

辽开泰二年（1013年），辽将萧图玉在讨平了阻卜叛部后仍然要求增兵，要对阻卜诸部进一步征讨。辽圣宗不但没有增兵，反而斥责其说："叛者既服，还增兵干什么？若依从你的建议，边患何时才能平息？"

北院枢密使耶律化哥在率兵征讨阻卜叛部回军途中，乘机抢掠了阿萨兰回鹘人，虽然经过监军的劝说，把所抢的东西全都还了回去，但也致使原来一直归附辽廷的阿萨兰回鹘人出现叛辽现象。

辽圣宗得知此事后，马上免除了耶律化哥北院枢密使之职，并削夺了他的王爵，降为节度使。

辽开泰九年（1020年），辽西南诏讨使上奏说："党项部有些小族不按时进贡，常常心怀他意，应该按时派使者去督促他们。"

辽圣宗没有同意，下诏说："边远地区的小族，每年都有经常性的贡品，边境官员骄横放纵，征收没有限度，那些小族心怀畏惧只是不能将情况上报而已。只需派遣清廉谨慎的将官前去，向他们宣示国家对他们的恩宠和信任，不再侵扰掠夺他们，他们自然会效忠归顺。"

辽圣宗执政期间，辽廷的疆域要远远地大于宋朝的疆域，国内部族有34部，属国81、属部69，这些属国、属部，不论远近都向辽廷示好纳贡。

在辽对外关系中，辽与宋的关系无疑是最主要的。"澶渊之盟"后，辽与宋化干戈为玉帛，双方都非常注重遵守"澶渊之盟"，使臣频繁来往，互相馈赠礼物，庆吊相闻。

萧燕燕病逝后，宋真宗停朝7天，亲穿孝服致哀，并派大臣携带重礼到辽廷吊丧，宋朝文武百官也都到亭驿吊唁。

辽太平二年（1022年），宋真宗病逝，向辽送讣告，宋使刚进入辽南京界，辽圣宗便已得到消息，立即召集辽廷文武百官举哀痛哭。他担心地对宰相吕德懋说："吾闻侄皇帝（宋真宗病逝后，其第六子赵祯即位，是为宋仁宗，时年12岁，论辈分要比辽圣宗小一辈）年幼，必不知道皇兄（即宋真宗）与我北朝的礼仪，恐怕会被朝中奸臣离间，与我违约。"

宋使到达京城，向辽转达了宋朝继续遵守盟约之意后，辽圣宗高兴地说："朕观侄皇帝的意思，不会违背皇兄的意思，与我违约。"接着又感慨地说道："晋高祖（石敬瑭）承嗣圣爷爷（辽太宗）之力建立国家，可少主（石重贵）即位，就违背了盟约（指只称孙不称臣），这全是臣下（指景延广）鼓动的，今侄皇帝不会这么做了。"然后，派大臣到宋汴京吊唁，在南京悯忠寺里设置宋真宗灵位，建道场一百天，替宋真宗施饭给三京僧人，并命令靠近宋朝边境的州郡不得作乐，"下令国中应内外文武百僚、僧道、军人、百姓等犯真宗讳者，悉令改之"。

为了与宋搞好关系，辽圣宗还让皇后给宋朝皇太后（因宋仁宗年小，皇太后临朝听政）写信，叙一叙妯娌之情，并派使往来问候，以联络两朝的感情。

宋真宗病逝后，辽圣宗并没有因为自己是宋仁宗的叔父辈而以大压小，也没有因为宋仁宗年幼、皇太后摄政而借机伐宋，而是主动示好于宋，从而保证了辽、宋关系和好如故。

　　当然这里面也有宋朝方面的努力。"澶渊之盟"是宋真宗与辽签订的，宋仁宗即位后仍然承认和遵守这一盟约，也是南北和好的一个因素。

　　总之，辽圣宗非常重视与宋朝和好，就是大臣们对宋廷有意见，也没有改变他对宋和好的态度。

　　辽殿前都点检耶律藏引觉得宋皇太后不派使臣问候耶律隆绪，有些不合礼节，就趁前往汴京祭奠宋真宗之机，问宋接待使："过去贵国先帝（宋真宗）曾派出使者问候我国承天太后（萧燕燕），如今贵国太后唯独不派使者问候我国国君，这是什么缘故？"

　　宋接待使回答："南北两朝是兄弟，那么我国先帝就把承天太后（萧燕燕）看成叔母，因而没有嫌疑。如今我国皇太后与贵国国君论辈分是嫂子，依礼节叔嫂不能问候。"

　　还有一次，辽宣徽使萧从顺到宋朝祝贺长宁节（宋真宗刘皇后生日节，刘皇后在宋仁宗朝为皇太后），宋仁宗接见了他，宋皇太后垂帘听政。萧从顺于是请求面见太后，并说南朝使臣到辽都能面见太后，北朝使臣来南朝却不能面见太后，这是为什么？

宋臣解释说："皇太后垂帘听政，即使是本朝群臣也不曾面见呀！"

对于这样的解释，萧从顺当然不同意，于是等到了应该回北朝的时间，就装病不回去。

宋仁宗只好多次派人慰问，并请太医诊治，萧从顺这才返回北朝。

这样的事件，一方面说明辽廷官员对中原习俗不了解，另一方面也说明辽廷官员对宋有不满情绪。

辽圣宗并没有因为大臣们对宋不满，而改变对宋态度，更没有因为宋朝不按辽朝习俗接待辽使者，而兴兵动武，而是仍然坚守"盟约"，与宋友好相处，从而保证了南北的和平局面。

重视民生

辽圣宗即位后，与母亲萧燕燕一样，非常留心民事，重视民生。为了防备水旱等自然灾害，下令诸道设置义仓，丰年纳粟储积，以备荒年赈济贫乏。如统和元年（983年），东京、平州发生旱灾、蝗灾，辽廷下诏开仓赈济；统和十五年（997年），发义仓粟赈南京诸县民等等。

萧燕燕母子还多次下诏或遣使诸道劝农桑，禁止诸军官非时畋猎妨农事，行军中禁止士卒出营动掠，禁止部队从伐民桑梓，禁止刍牧伤庄稼。如统和七年（989年），下诏允许燕乐、密云二县百姓耕种荒地；统和十五年（997年），募民耕种滦州荒地，免租税10年等等。

辽圣宗亲政后，仍然重视民生，注重减轻百姓负担。如开泰元年（1012年），诏"百姓徭役繁重，则多给工价；年谷不登，发仓以贷；田园芜废者，则给牛、种以助之"；辽开泰七年（1018年），救济川、饶二州饥民和中京贫民等等。

辽圣宗还经常微服到民间，去查看庄稼的长势，市场的行情等，以关心百姓生活。如辽开泰元年（1012 年），辽地发生严重水灾，有些灾民被迫将家人送到富贵人家当佣人，以此作为抵押借取钱粮度日。辽圣宗得知这一情况后，"诏诸道水灾饥民质男女者，起来年正月，日计佣钱十文，价折佣尽，遣还其家"。即灾民把家人抵押为佣人的，不论男女，从明年正月起，每天计算佣钱十文，身价折够佣钱，就放他们回到家中。

辽太平五年（1025 年），辽圣宗到南京地区视察，正赶上这一地区粮食丰收，百姓们都争着抢着向辽圣宗敬献土特产品，辽圣宗以礼接待长者，安抚鳏寡之人，赐予聚会酒宴。晚上大街小巷灯火通明，官员百姓欢聚一起，欢歌笑语，庆祝丰收。辽圣宗也微服到现场观看，与民同乐。

知人善任

辽圣宗非常重视人才的选拔和使用，知人善任。

韩德让病重时，辽圣宗向他征求谁可接替北院枢密使一职，韩德让推荐耶律世良可接替其职。

辽圣宗开始时认为韩德让久居要职，有推荐自己人之嫌，就以北院大王耶律室鲁为北院枢密使，而以耶律世良为北院大王。耶律室鲁在任两个月病逝，辽圣宗又以南院大王耶律化哥为北院枢密使，仍没有用耶律世良。不久，耶律世良以都监身份，随北院枢密使耶律化哥前往西北平定阻卜叛部。耶律化哥将阻卜叛部击溃后，把兵马屯于镇州，就回朝复命。辽圣宗以为西北无事了，就想下令撤军。

耶律世良上书说："耶律化哥以为无事而回，不考虑军队疲劳，粮草缺乏，敌人虽已离去，但怎能长久防守？如果增兵，便可攻克。"

辽圣宗认为耶律世良说得有道理，就命耶律化哥回到西北军

中，继续追击溃退的阻卜叛部，终于将阻卜叛部全部击败，使辽西北边陲从此安宁了许多年。

通过这件事，辽圣宗对耶律世良有了新的认识，晋封其为岐王，并命其代替耶律化哥担任了北院枢密使为辽廷百官之长。

耶律世良病死高丽战场上后，辽圣宗欲以萧合卓为北院枢密使。时任汉人行宫都部署的王继忠举荐说："萧合卓虽然有文秘方面的才干，但不懂国事的大体。萧敌烈德才兼备，可任北院枢密使。"

辽圣宗开始时怀疑王继忠与萧敌烈是同党，于是没有采纳王继忠的建议，仍用萧合卓为北院枢密使，结果萧合卓率大军东征

高丽无功而返。辽圣宗这才又想起了王继忠的话，认为其能知人，不久就擢升王继忠为南院枢密使，并赐予国姓耶律，晋封楚王。

北院部人耶律韩八，很有才干，但苦于无有出仕之门，就经常骑着一匹马带着一包衣服在上京城外游荡。有一天，正好被微服出猎的辽圣宗碰到，问他是何人？

耶律韩八漫不经心地答道："我是北院部人，想找个机会当官。"

辽圣宗听了耶律韩八的话，觉得很有趣，就与其交谈，发现其很有才干，就记住了他的名字和住址。

不久，北院呈奏南京有不少疑难案件不能判决，辽圣宗就想到了耶律韩八，派其前往南京审案。朝中大臣都很震惊，认为不可行。没有想到，耶律韩八到南京后，很快将积压案件全部处理结案，没有冤屈一个人。

辽圣宗心里非常高兴，立即给予重用。耶律韩八在兴宗朝两任北院大王，以政务宽仁，清正廉洁著称。

辽圣宗亲政的 22 年间，在辽廷六个要枢职位上任职情况如下：担任北、南院枢密使的 13 人次，担任北、南府宰相的 16 人次，担任北、南院大王的 18 人次，分别高于萧燕燕摄政 27 年间的 5 人次（北、南院枢密使）、6 人次（北、南府宰相）、6 人次（北、南院大王）。

由于辽圣宗注重选拔人才，知人善任，使辽廷人才济济，涌现出了众多的贤相良臣。诸如贤相耶律斜轸、韩德让、室昉、张俭、邢抱朴等，谏臣马得臣等，良臣耶律化哥、耶律海里、耶律学古、王继忠、萧排押、萧柳等，安边良将耶律休哥、萧挞凛、萧孝穆等等。正是这些贤相良臣将辽王朝推向了鼎盛。

从严治吏

契丹辽王朝虽然是以契丹族为主体建立的少数民族政权，但

契丹统治者们却能够仿效中原封建王朝体制来管理国家，特别是在政府官员管理方面更加严厉。

辽太祖在担任可汗期间，便非常重视对官员的管理。辽太祖七年（913年），辽太祖在平定诸弟叛乱时路经辖赖县，遇到一个叫扫古的人非法残害百姓，立即下令酷刑处死；当时还有一个叫涅离的狱官，擅用酷刑致人以死，当地百姓苦不堪言，辽太祖听说此事后，下令将其处死。契丹建国后，辽太祖"置钟院以达民冤"，命人画前代直臣像为"招谏图"，派官吏每年四月到地方体察民情，征询民意。

辽太宗获取燕云十六州后，仿效中原王朝体制，于辽会同元年（938年）在中央设置御史台，专门负责对朝廷百官与地方官员的监察工作，第二年（939年）又设置左右谏院，加大对政府官员的监督力度。辽太宗对违法官员的处罚也是非常严厉的。如辽会同二年（939年），"乙室部大王坐赋调不均，以木剑背挞而释之；并罢南、北府民上供，及宰相、节度诸赋役非旧制者"。乙室部是辽朝诸部中仅次于五院部、六院部（原迭剌部）的大部，部落首领官称与五院部、六院部一样称大王（其他部落首领称夷离堇）。辽太宗因乙室部大王向部民征税不均，便处以杖背之刑，并由此下令免除南、北府民的供品及宰相、节度使等高官向百姓新增加的赋税。同年，南大王府有两个刺史贪污，辽太宗命各杖二百，射鬼箭处死。

辽世宗设置北、南枢密院，正式确立了辽朝中央集权制度，各级政府工作及官员选拔任用、监督管理等进一步规范。

辽穆宗朝，辽朝的一些法律、制度虽然遭到不同程度的破坏，但辽穆宗对违法官员的惩处却是非常严厉的。例如，按照辽朝规定，皇帝巡游驻地，要树立起高高的标识，以禁止他人进入。当时有一个叫楚古的官员，故意将标识弄低放在深草之中，当有人因没有看见标识而进入禁地时，他便以此敲诈钱财获利。辽穆宗得知这一情况后，对有司说："自先朝行幸顿次，必高立标识以禁行者。比闻楚古辈，故低置其标深草中，利人误入，因之取财。自今有复然者，以死论。"即今后如果有人再干这样的事情，一律处死。

辽景宗即位后，恢复了被辽穆宗废弃的钟院（辽太祖朝置），置登闻鼓院，铸钟其中，以为百姓申冤告状之所。

辽圣宗朝对政府官员的监督、考核步入正轨。辽统和元年（983年），即辽圣宗即位的第二年，便"下诏谕三京左右相、左右平章事、副留守判官、诸道节度使判官、诸军事判官、录事参军等，当执公方，毋得阿顺。诸县令佐如遇州官司及朝使非理征求，毋或畏徇。恒加采听，以为殿最"；辽统和十二年（994年），"诏州县长吏有才能无过者，减一资考任之"。一般认为，这些记载表明辽圣宗朝前期，辽廷已经制定了官员考核办法。

辽圣宗亲政后，对官员的管理更加严格，对失职及腐败官员的处理更加严厉。如开泰七年（1018年），"诏内外官员，因事受赇，事觉而称子孙仆从者，禁之"。即内外官员在工作中收受贿赂，事情暴露后，不允许将事情推到子孙和随仆身上。辽开泰八年（1019年），"诏诸道，事无世细，已断者，每三月一次条奏"。即地方政府每三个月要向朝廷汇报一次工作，接受监督。辽太平六年（1026年），"诏南北诸部廉察州县及石烈、弥里之官，不治者罢之。诏大小职官有贪暴残民者，立罢之，终身不录；其不廉直，虽处重任，即代之；能清勤自持者，在卑位亦当荐拔；其内族受赂，事发，与常人所犯同科。"即南北诸部要加强对所属官员的监督考察，不干工作的人要免去官职。大小官员有贪污残暴、祸害百姓的，要立即免职，终身不得在录用。不廉洁正直的人，即使身居要职，

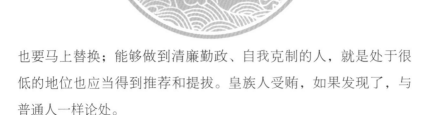

也要马上替换；能够做到清廉勤政、自我克制的人，就是处于很低的地位也应当得到推荐和提拔。皇族人受贿，如果发现了，与普通人一样论处。

辽圣宗对违法官员的惩处也是非常严厉的。萧孝惠，国舅少父房人，辽圣宗朝累官契丹行宫都部署、南京统军使、知东京留守，封魏国公，在辽西北边陲镇守多年立有战功。有人告他三项罪状，辽圣宗立即派人前去核查，结果属实，立即将萧孝惠降职。耶律化哥，孟父房皇族（辽太祖二伯父后裔），辽景宗朝官至北院林牙，辽圣宗朝累官上京留守、北院大王、南院大王，辽统和二十九年（1011年）任北院枢密使为辽廷百官之长、封豳王。辽开泰二年（1013年），耶律化哥在率军征讨阻卜诸部回军途中，纵兵抢掠阿萨阑回鹘，在统军都监的劝说下，将所抢东西又全部还了回去。辽圣宗知道这一情况后，下令削去耶律化哥官爵，贬为大同军节度使。萧图玉，辽穆宗朝北府宰相萧海璃之子，辽圣宗朝累官乌古部节度使、总领西北路军事，娶辽圣宗第十三女金乡公主（赛哥）为妻拜驸马都尉，在西北边境镇守数年，对平定阻卜诸部叛乱立有战功。辽开泰六年（1017年），金乡公主擅自杀死无罪奴婢，辽圣宗在将金乡公主降为县主的同时，以萧图玉治家不严削夺官爵。辽开泰五年（1016年），尚书萧姬隐因工作没有及时到岗，即被削去官职。太师柘母阿谀奉承，杖打20。等等。

辽圣宗在对违法官员进行严厉惩处的同时，对认真履职尽责、政绩突出的官员，则打破常规使用。例如，涅剌部节度使撒葛里任期满，按照规定应当离任，因有惠政，民请留任，许之；严州刺史李寿英任期满，亦应离任，因有惠政，民请留任，许之；武定军节度使韩德冲任期已满，其民请留，从之；长宁军节度使萧解里秩满，民请留，从之；启圣军节度使刘继琛秩满，民请留，从之。等等。

以上所述只是辽圣宗施政概略，但从中亦不难发现，辽圣宗重视民生、从严治吏、注重法律公平、重视人才、与邻和平共处等施政特点。正是这些措施的实施，使辽朝在辽圣宗朝各项制度最终确立，法令日益完善，最终完成封建化进程进而走向鼎盛。

正因为此故，史籍给予辽圣宗很高的评价。《辽史》评价辽圣宗"践阼四十九年，理冤滞，举才行，察贪残，抑奢僭，录死事之子孙，振诸部之贫乏，责迎合不忠之罪，却高丽女乐之妇。辽之诸帝，在位长久，令名无穷，其唯圣宗乎！"《契丹国志》评价辽圣宗"挺宽仁之姿，表凤成之质……眷遇功臣，终始如一；慈孝之性，本自天然，亦守成之令主"。

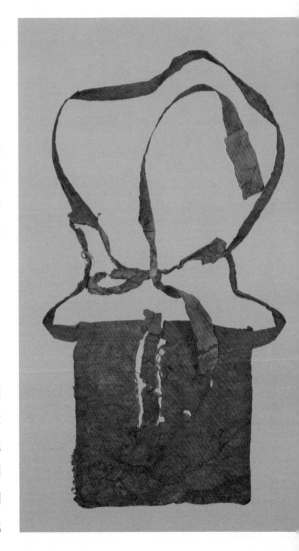

6. 渤海大延琳反辽

辽圣宗非常推崇汉文化，对中国历史颇有研究，喜欢读唐贞观事要，尤其喜欢读唐太宗、唐明皇实录，曾感慨地说"五百年来中国之英主，远则唐太宗，次则后唐明宗，近则今宋太祖、太宗也！"据说他的名字隆绪之"隆"字，就是取唐明皇李隆基之"隆"字。或许是历史的巧合，辽圣宗的执政经历亦与唐明皇李隆基很相似，李隆基既有开创"开元盛世"之功绩，亦有"安史之乱"之败笔，辽圣宗也一样，既有开创辽王朝盛世之功绩，亦有渤海大延琳叛乱之败笔。

渤海国灭亡后，渤海人的反辽斗争就始终没有停止过，相继建立了定安国、兀惹国、渤海琰府、浮渝府等抗辽政权，经过辽廷多年征伐，大致在辽统和十五年（997年），渤海人的反辽斗争才告一段落，此后的30余年间没有再发生有影响的反辽事件。

辽廷灭亡渤海国后，建立东丹国管理原渤海国地区及渤海民族，仍然沿用原渤海国的各项制度，始终享受着不向辽廷缴纳酒盐专卖税赋的特殊税收政策。辽圣宗朝后期，韩绍勋（韩延徽之孙）担任辽户部使之后，在辽东京地区推行行之于辽南京地区的赋税制度，加重了当地渤海人负担，引起渤海人的不满。

辽太平九年（1029年），辽南京地区饥荒，韩绍勋和户部副使王嘉命渤海人造船，把东京地区的粮食运往南京赈灾。由于水路艰险，船只多覆没水中。辽廷官吏对渤海民众不加体恤，反而严刑峻法威逼，致使百姓怨声载道，对辽廷极为不满。

时任东京舍利军详稳大延琳，本是渤海国王族之后，利用渤海人的不满情绪，组织当地的渤海民众起来反抗辽的统治。他利用手中兵权，组织人马杀死韩绍勋和王嘉，囚禁了辽东京留守、驸马都尉萧孝先及南阳公主崔八（辽圣宗第四女），自称皇帝，国号兴辽，年号天庆，设官任职，在东京建立了独立政权。随后，一面派太府丞高吉德使高丽，以反辽建国相告，争取高丽的援助、支持，一面派太师大延定鼓动女真起兵反辽，配合东京起事。

一时间，南、北女真起兵响应，高丽也停止了向辽廷纳贡，

对辽在东和东北的统治形成了很大的威胁。同时，大延琳又遣人到黄龙府、保州等争取后援。

大延琳起义前，曾与辽东京副留守王道平一起商议起义之事，不料王道平寻机逃出东京城，与大延琳派往黄龙府联络的使者一起赶到辽圣宗的行在，将大延琳反叛的消息告诉了辽圣宗。

辽圣宗立即下诏诸道集兵前去讨叛。

与此同时，驻守保州的渤海太保夏行美接到大延琳约他一起反辽的消息后，并没有声援大延琳，反而协同统军使耶律蒲古提前动手，杀死渤海兵八百余人，断了大延琳东援之路。

国舅详稳萧匹敌的投下渭州（今辽宁省彰武县）距离东京较近，得知大延琳反叛的消息后，立即组织本部兵马，占据要害地点，阻断了大延琳西进之路。

大延琳北方无援，东、西两路又被阻断，只好率兵攻打沈州（今辽宁省沈阳市）。

沈州守将假意投降，以迟缓大延琳的进攻。等到大延琳反应

过来，再攻城时，沈州守军已做好了守城准备，大延琳见攻不下沈州，就又退回了东京城。

辽圣宗调集好大军后，以南京留守、燕王萧孝穆为都统，前往东京镇压大延琳。

萧孝穆是继耶律休哥、耶律斜轸之后，契丹族又一位杰出的军事统帅，率大军前往东京，在蒲水与大延琳的兵马相遇。萧孝穆指挥中军稍退，引大延琳兵马深入。国舅详稳萧匹敌、奚六部大王萧蒲奴率军从两翼杀出，大延琳兵马不敌，纷纷败退。萧孝穆挥兵追击，在手山（今辽阳首山）北再次击败大延琳兵马，大延琳退守东京城。萧孝穆遂指挥部队将东京城包围起来，在距离城五里处筑堡，断绝东京城内外联系。

东京城被围几个月后，城内供给短缺，人心开始慌乱起来。被囚的东京留守、驸马都尉萧孝先趁看守松弛

之机，挖地道逃了出来，而南阳公主却在逃跑时被抓住杀害。

东京城被围近一年，城内供给皆无，大延琳副将杨详世暗地里与城外辽兵联系，于夜间打开南门放辽兵进城，东京城遂破，大延琳被活捉（1030年11月）。

大延琳起兵反辽，坚持一年多最终被平息。

辽圣宗执政时期被称为辽之盛世，但在其执政末期却出现了渤海人反辽事件，说明辽廷的民族政策出现了问题，抑或是辽廷的政府官员在执行民族政策时出现了问题。但是，这次事件并没有引起辽廷的足够重视，至辽末，不但渤海人起兵反辽不断，女

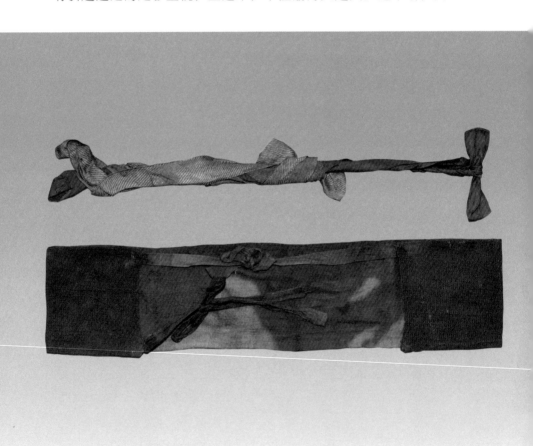

真人也因不堪忍受辽廷的残酷剥削起兵反辽，并最终灭亡了辽王朝。

辽太平十一年（1031 年）六月，即渤海人大延琳叛乱平息半年后，辽圣宗病逝于大福河行宫（今赤峰市阿鲁科尔沁旗境内），享年 61 岁，葬于辽庆陵（今赤峰市巴林右旗境内），庙号圣宗。

05

SAN GUO JIAO FENG.

第五章 三国文璀

十一年春正月……遣南院宣徽使萧特末、翰林学士刘六符使宋，取晋阳及瓦桥以南十县地；且问兴师伐夏及沿边疏浚水泽，增益兵戍之故。……六月乙亥，宋遣富弼、张茂实奉书来聘，以书答之。

《辽史》

1．西夏建国

辽圣宗病逝后，其嫡长子耶律宗真即位，是为辽兴宗。辽兴宗即位不久，西夏建国，中国进入北宋、辽、西夏三足鼎立时期。

西夏国是由党项拓跋部李氏所建立的政权，党项拓跋部本来与辽的关系很紧张，而与中原政权的关系很密切。辽廷自太祖至景宗的80多年间，不断对党项诸部用兵，征讨叛服不定的党项诸部，而党项诸部叛辽的背后就有党项拓跋部的影子。

辽乾亨四年（982年），党项拓跋部发生内讧，首领李继捧以夏（今内蒙古乌审旗）、银（今陕西省榆林市）、绥（今陕西省绥德县）、宥（今鄂托克前旗）四州归附宋朝，从而引起族弟李继迁的不满，联合党项诸部中的显贵叛宋自立，宋廷则派兵进行征剿，自此宋与党项拓跋部之间时有交兵。

辽统和四年（986年）二月，李继迁为了对抗宋军的征剿，率众归附辽廷，时值宋太宗发三路大军北伐燕云的前夜，萧燕燕正准备反击宋三路大军北伐，见李继迁主动来归附，便立即册封李继迁为定难军节度使、夏银绥宥等州观察处置等使、特进检校太师、都督夏州诸军事，并将皇族义成公主下嫁给李继迁为妻，双方结成舅甥关系，将党项拓跋部拉到辽廷一边。但是，在随后的几年间，由于李继迁在对宋廷的对抗中处于弱势，因而采取了依附辽宋两强发展自身的策略，在依附辽廷的同时，也时而依附宋廷。对此，辽廷虽然很不高兴，但还是对李继迁施以笼络之策，册封李继迁为夏国王（990年）、西平王（997年）。

辽统和二十一年（1003年），李继迁在进攻吐蕃时中流矢身亡，其子李德明袭父王位，辽廷随即又册封李德明为西平王。宋廷方面也不甘落后，积极与李德明接触，通过几年接触协商，宋廷一退再退，最终以西夏向宋朝称臣为唯一条件，双方达成友好协议。宋廷任命李德明为定难军节使兼侍中，并册封其为西平王，按同

级别官员发给俸禄（1006年）。

李德明深沉而有智谋，继续采取依附宋辽两强以图发展策略，既接受辽廷册封，也接受宋廷册封，既向辽廷纳贡，也向宋廷纳贡，争取到了和平发展环境，并借此迅速发展壮大起来。伴随着势力的扩大，李德明也有了称帝的想法，开始为建立独立政权做准备。他先是建筑了宫殿（1010年），

后又将政治中心迁到怀远镇（今宁夏银川市），取名为兴州，定为都城（1020年），然后开始拓展疆土，用兵河西走廊（1028年），先后攻取甘州（今甘肃省张掖市）、瓜州（今甘肃省安西县）、沙州（今甘肃省敦煌市）、凉城（今甘肃省武威市），为建国奠定了基础。但是，就在李德明积极准备建国称帝的时候却得病身亡（1032年），其子李元昊继承王位。

李元昊继承父王位后，辽宋双方都做出积极的反应。辽兴宗即位伊始，便把皇家宗室之女兴平公主嫁给李元昊为妻，同时册封李元昊为夏国公、驸马都尉（1031年），接着又册封李元昊为夏国王（1032年）。宋仁宗也不甘落后，任命李元昊为检校太师兼侍中、定难节度使、西平王。

　　但是，李元昊胸怀大志，即位伊始便积极准备建国称帝，因此并没有买宋廷的帐。建年号为显道，与宋朝的年号明道，只有一字之差，此举无疑有与宋朝分庭抗礼、平起平坐之意。不仅如此，李元昊在接待前来册封自己的宋使时，一改原来宋使坐于上位的规矩，自己坐在上位，而让宋使坐在下位，凌驾于宋使之上。而宋使胆小怯弱，竟然不敢把此情况报告给宋廷。

　　李元昊见宋廷对自己的"抗上"行为没有反应，便加快了建国称帝的步伐。抛弃唐、宋皇帝赐给祖上的李氏、赵姓，改姓"嵬名"，取名"兀卒"（"兀卒"是党项语，意为"青天子"）；追寻祖先鲜卑拓跋氏之风，要求党项人都剃光头发；统一党项人的服饰和礼仪；设置政府机构，扩建都城兴州（今宁夏银川市），按照中原政权的框架，设置中央和地方各级政府机构及文武百官和地方官员；改革兵制，增强军事实力，将辖地划分为若干军事行政区域（相当于现在的军区），设置各级军事机构，发展多兵种，配置军事官员；继续开疆拓土，控制河西走廊；创制西夏文字等等。

　　经过几年大刀阔斧的准备，李元昊在首都兴州城南郊，筑坛称帝，国号大夏（史称西夏），年号天授礼法延祚（1038 年 10 月 11 日）。至此，中国历史进入宋、辽、西夏三足鼎立时代。

　　辽、宋对于李元昊建国都有所反应，辽廷的反应很是低调，辽兴宗既没有派使表示祝贺，也没有发表声明进行反对，更没有派兵进行征剿；宋廷的反应则很激烈，君臣之间围绕着是征伐还是安抚展开了争论。但是，就在宋君臣还在争论的时候，李元昊却亲率大军开始攻打宋延州（今陕西省延安市），从而拉开了宋与西夏大规模战争的序幕（1040 年正月）。

　　宋与西夏这场战争历时两年（至 1041 年末），期间双方有过无数次的交战，规模比较大的战役有两次，即"三川口""好水川"

战役，光这两次战役，宋损失兵力就在十万人以上。总的来讲，宋在与西夏战争中处于弱势。

这样糟糕的战绩，不仅使宋廷君臣将兵对西夏作战有些底气不足，而且也使一个人的手也痒痒起来，那就是辽朝皇帝辽兴宗。

2. 辽宋争地

辽兴宗虽然对李元昊建国的反应很低调，但并不等于没有反应，从他没有派使臣前往西夏表示祝贺来看，他对西夏建国也是很有意见的。

这也不难理解，西夏原来接受辽廷的册封，是辽廷的附属政权，如今李元昊建国称帝就是没有把辽廷放在眼里，有与辽廷平起平坐之意，辽兴宗当然是不高兴了。不过，李元昊建国称帝后

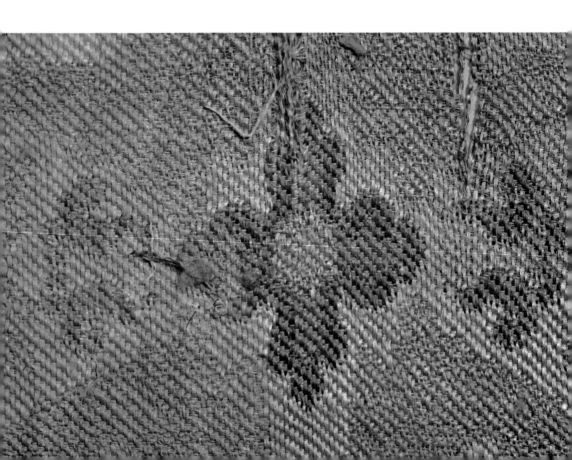

并没有表示与辽廷决裂，辽兴宗或许还要看李元昊的下一步行动再做决策。当宋与西夏交兵后，他更是来了个坐山观虎斗，一方面想让宋廷教训教训不知天高地厚的李元昊，一方面想等待宋与西夏两败俱伤的时候从中取利。当宋与西夏两年战争下来，李元昊屡屡获胜，而宋廷屡屡失败，辽兴宗见宋廷如此软弱无能，便也想在宋廷身上捞取点好处，可找个什么借口呢。恰在这时，宋廷为了防止辽乘其与西夏交兵之际出兵南下，开始修整边界城池。辽兴宗立即抓住这一点，以宋廷破坏"澶渊之盟"中有关宋辽双方不得在边境构置城堡、改移河道盟约为由，准备出兵宋境，向宋廷索要关南十县地，并召集群臣商议此事。

北院枢密使萧孝穆提出反对意见，认为辽宋和平局面来之不易，宋方没有过错，无故出兵南伐理亏在辽方。同时对出兵的后果也做了预料，认为辽朝虽然较以前富强了许多，但能征惯战的将帅大多已经离世，与宋交兵胜负难测。

南院枢密使萧孝惠是萧孝穆胞弟，但却是一个善于察言观色的主，见辽兴宗有南伐之意，便迎合说宋军西征多年，士气低落，如果陛下能够亲自率领六军南伐，就一定会取得胜利。诸大臣也大多迎合辽兴宗的心思，支持出兵南伐。

辽兴宗见诸大臣都赞成出兵索地，于是就准备下令诸道调集兵马于南京，任命萧孝惠和耶律重元为统帅择机南伐。萧孝穆见耶律宗真执意南伐索地，就以辞职相劝谏。辽兴宗见萧孝穆如此，心里也没了底，便就又找到已经退休在家的张俭征求意见。

张俭因辅佐辽兴宗即位有功，被赐贞亮弘靖保义守节耆德功臣，拜太师、中书令、加尚父、晋封陈王等，倚为重臣，后因年纪大了退休在家，已经八十多岁，思维仍很清晰，向辽兴宗分析了出兵南伐的利弊，建议不用出兵，只需派使臣前往宋朝，即可

达到索地的目的。

辽兴宗还真就听取了张俭的建议，放弃出兵南伐想法，派刘六符、萧特末前往宋都汴京交涉索地事宜（1042年正月）。

此时宋仁宗也已经通过在辽廷的间谍得到了辽廷索地的消息，并且还得到了辽兴宗写给自己书信的底稿，对辽廷索地有了心理准备。

宋仁宗就是中国历史上"狸猫换太子"传说的主角，不过，"狸猫换太子"纯属于瞎编乱造，历史上根本无有其事。因为"宋仁宗认母"时，包拯还是一介布衣百姓，恐怕连汴京城都没有去过，怎么可能帮助宋仁宗认母呢！

宋仁宗得知辽廷索地使臣就要到达宋境后，召集群臣会议，想选一个前往边境接待辽使的使臣，不料诸大臣都往后稍，谁也不愿意前往，推来选去，最后这一"艰巨任务"落在了富弼头上。

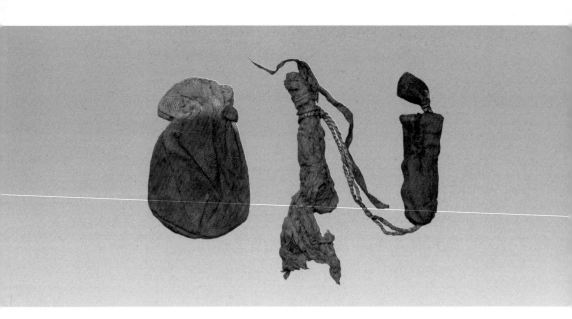

　　富弼是北宋著名人物，曾任宋仁宗、宋英宗、宋神宗三朝宰相，亦曾参与范仲淹的庆历（宋仁宗年号）改革，接到宋仁宗让他出任辽接伴使诏令后，没有往后稍，而是勇敢地接下任务，前往雄州（今河北省雄县，时为宋廷接待和礼送辽使的场所）将辽使接到汴京。

　　刘六符、萧特末到达汴京后，向宋廷递上了以辽兴宗名义写给宋仁宗的信件，大致意思是：关南十县地是石敬瑭割给我朝的，柴荣（后周世宗）逞一时之狂谋，把十县地抢了去，人神共为愤怒，因而柴氏社庙才不能延续。南朝（宋朝）建立之初，便与北朝（辽朝）保持着良好关系，南北结为友好邻邦。太宗（赵光义）攻取北汉后，以无名之师进犯燕蓟，我朝紧急抵御，才使南朝退兵，从而导致南北连年战争。两朝自建立和约（澶渊之盟）以来，每年都互派使臣往来，关系一直很好。但是，由于有关南十县地问题的存在，我朝每天都在防备着背盟事情的发生。李元昊对北朝早已称臣，与北朝又有甥舅之亲，就是有罪，应当诛伐，也应预先通报北朝一声。我朝虽然从往来使臣口中得知了一些征伐内幕，但是也担心其中有欺诈。你朝对西夏用兵，我朝不能没有投鼠忌器的感觉。况且，我朝已探知南朝在边境地区加固河道，增加兵力，这不能不使我朝产生猜忌。南北两朝如果要想长期保持友好关系，共同排除猜忌之心，不如南朝把原附于我朝的晋阳（今山西省太原市）地区（原北汉政权辖地）及关南十县地，都归还给我朝，从而使百姓康泰！如果能够这样的话，就更加深了兄弟情义，使子孙永远安乐。遥想南朝皇帝聪悟，一定能深深理解我的诚意。

　　宋仁宗又召集有关大臣商议答复辽廷事宜，君臣经过一番商讨形成三点意见：一是不能答应割地；二是可以考虑把亲王的女儿嫁给辽兴宗的儿子耶律洪基（即辽道宗）为妻，两朝联姻；三是可以考虑向辽朝增加岁币。

当时，宋仁宗还想到了一个主意，就是想通过辽兴宗之弟耶律重元来化解双方矛盾。耶律重元曾暗中与宋廷互通书信，赠送礼物，有与宋结援之意，宋廷没有理会。这时的宋仁宗突然想起了这件事，想结交耶律重元以对抗辽兴宗。但又吃不准，便让接待辽使的官员，把这个意思透露给辽使刘六符，并就此事征求其意见。

宋仁宗敢于就此事征求辽使刘六符的意见，有可能是宋廷对刘六符进行了贿赂（辽宋索地风波结束后，有人告发刘六符接受宋廷贿赂而被免职）。而刘六符因接受了宋廷的贿赂，就实话实说，说这样做对太后萧耨斤（辽兴宗母亲）有利，而对宋朝没有好处，宋仁宗这才打消了这一想法。

这期间，辽兴宗为了配合刘六符等人的谈判，在南京颁布了南征的赏罚令，宋廷边防大臣，急忙将这一消息上报宋廷。

宋仁宗不敢再耽搁，便派富弼前往辽廷交涉关南十县地事宜，并嘱咐富弼只可就联姻和增加岁币这

两件事与辽廷协商。

为了配合富弼的谈判，宋仁宗也和辽廷一样，升大名府（今河北省大名县）为北京，加固城防，在宋与辽边境地段，修固河防，操练兵马，大造声势。

这一招还是有点作用的，刘六符在返回辽国途中，见到宋人正在修固河堤，心里就已经产生怀疑。等到辽边境驻军派人偷看宋军训练后，更是把宋军的这一举动，当成宋军要攻打辽境的军事情报，上报给了辽廷，从而给辽廷制造了一定的压力。

富弼到达辽廷后，递交了宋廷复信，其大致要义是：我朝真宗皇帝（赵恒）与你朝圣宗皇帝（耶律隆绪）签订"澶渊之盟"，

南北双方停止战争，谋求和平，互通使节。两朝继任皇位者，也都遵守这一盟约，两国和平相处近四十年。现在北朝专门派使臣持信而来，提出索要瓦桥关以南的土地和晋阳以前的封地，并且说什么石敬瑭割地，柴荣收复失地等等，这些事情都是前朝的事情，与本朝没有关系。当初太宗皇帝（赵光义）出兵伐北汉，攻取太原，并不是想占有燕云之地，而北朝屡屡出兵援救北汉，我太宗皇帝一怒之下才发兵燕蓟，怎能说出师无名呢？李元昊被我朝赐予国姓，食我朝俸禄，就是我朝臣子，如今反叛我朝，建国称帝，并侵略我朝边境，我朝出兵讨伐在情理之中，况且在出兵之前，也已经向北朝打过招呼，怎能说没有通报呢？至于加固河道，增加兵力之说，这都属于国家平常事务。河道不能疏导，自然要加固了，平时训练兵马更是常事，放在北朝，难道能撤走边境的兵马吗？假如一切都处于坦诚，两朝何至于产生猜疑呢？双方只有遵守"澶渊之盟"，才能保证长久和平，如今北朝突然提出索地之事，实在不是遵守"盟约"的做法，想到北朝皇帝聪明和通达，一定会深切地思考这一问题的。

辽兴宗看完宋廷的复信后，并没有亲自接见富弼，而是让刘六符与富弼谈判。双方你一言我一语，各执一词，自然是没有什么结果。最后，富弼拿出联姻和增币两个条件，让辽廷任选其一。刘六符做不了主，只好向皇帝汇报。

辽兴宗见刘六符没有谈下来，便亲自出马与富弼谈判。

皇帝亲自出马，谈判力度自然就大一些。辽兴宗威胁说如果南朝不归还土地，我朝就出兵南下，到时南朝不要后悔；富弼更是棋高一招，说双方一旦交兵，那北朝每年从南朝得到的岁贡就没有了，遭受损失的是北朝，况且战争胜负难测，北朝就一定能够取得战争的胜利吗？

辽兴宗自然是没有打败宋朝的把握，便转移了话题，说我们所要的关南十县地，是祖宗的旧地，并不是为了利益。富弼则更为强硬，说燕云十六州还是我朝的旧地呢，如果我们也提出把燕云土地归还我朝，你们答应吗？

　　其实，辽宋签订"澶渊之盟"后，辽廷就已经放弃了对关南十县地索求，宋廷也放弃了对燕云十六州的索求，对于这样的历史事实，双方心里都是非常清楚的。因此，辽兴宗就又转移了话题，说西夏是辽朝附属国，李元昊是我朝驸马，南朝征伐他，为什么不事先通报我朝一声？

　　富弼理直气壮回答说，北朝原来征伐高丽、渤海国的时候，通报过我朝吗？李元昊扰乱边境，我朝才出兵讨伐他，难道我朝应当坐视李元昊残杀我朝百姓而不管吗？如果李元昊扰乱你们的边境，残杀你们的百姓，你们会怎么办呢？

　　辽兴宗显然是被富弼说得理亏，竟然用契丹语与大臣们交谈起来，交谈了一段时间后，又用汉话自言自语道：李元昊作乱，怎么可以不让南朝出兵攻击呢！然后结束了谈判。

　　在接下来的一段时间里，刘六符又与富弼多次接触，就关南十县地事宜进一步交涉。在这个过程中，刘六符或是因接受宋廷贿赂之故，或是被富弼的真诚所打动，竟然答应宋使说服辽兴宗放弃索要关南十县地。

　　辽兴宗通过与富弼谈判也已经对索要关南十县地信心不足，再加上刘六符的劝说，便决定放弃索要土地，但又不甘心，就又做了一把努力。这一天，他邀请富弼一起打猎，在前往猎场的途中，故意把马靠近富弼以示亲近，用很低的声音与富弼商量归还关南十县地事宜，不料富弼态度仍然非常强硬。

　　辽兴宗这才彻底打消了索要关南十县地的念头，但他又怕大臣们说他贪图宋廷钱财，于是在打猎回来后，又让刘六符与富弼商谈，让宋朝答应增币和联姻两个条件。

富弼从心里反对宋廷与辽联婚，因此就百般阻挠联姻，只答应增币一个条件。

辽兴宗见富弼不答应，便想拖一拖再说，让富弼先回去，过段时间再来商议。而富弼说事情没有定下来不能回去，等辽廷选定条件（联姻或增币）再回去。

辽兴宗见富弼不回去，便许诺说等你再来的时候，我定当选一件事情接受。并且进一步向富弼表示，再来的时候，可以带来联姻和增币两份誓书以便签订。

辽兴宗或许是想让富弼早点离开才说这些话的，不料无意间把底牌亮了出来。富弼是何等的聪明，立即从辽兴宗的话中听出了端倪，回到汴京汇报谈判情况时，断定辽兴宗会选择增币条件。

宋仁宗虽然软弱，但宋廷并不缺乏精明之人，见辽兴宗把眼

睛盯在了钱财上，便顿生一计，列出两个条件：一是如果联姻，就没有金帛；二是如果辽能够说服李元昊重新臣服宋朝，那么宋朝每年可向辽朝增币 20 万，否则只增币 10 万（设了一个圈套）。

富弼带着这样的条件再返辽廷，辽兴宗也毫不迟疑地选择了 20 万增币。但双方在增币的称呼上又玩起了文字游戏。

辽廷要求用"献"字，富弼以"献"字是下奉上的用词不同意，双方对此又争论一番无有结果。辽廷又提出改用"纳"字，富弼也不同意，双方就此又争执一番，互不相让。

辽兴宗见富弼强硬难以对付，便撇开富弼，派北院枢密副使耶律仁先与刘六符出使宋朝，直接与宋仁宗对话，商议"献"与"纳"两字。

宋仁宗见辽方选择了 20 万增币，心里暗自高兴，恨不得马上就答应辽方的要求，但又耻于被人说自己主动向辽廷进贡，于是便想找一个替罪羊，让群臣来商议"献""纳"两字，群臣也碍

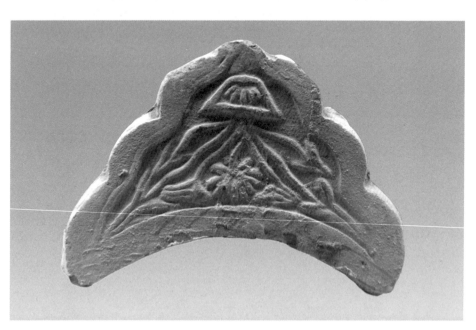

于面子纷纷反对用这两个字。接下来，双方又进入争论时间，各说各的理，互不相让，争论了很长时间也没有结果。

被誉为"北宋词初祖"的晏殊（北宋著名词人，富弼的岳父，范仲淹、韩琦、欧阳修等北宋名臣都出自他的门下）或许是看出了宋仁宗既想花钱买平安，又要面子的心里，勇敢地站出来，建议采用"纳"字。

宋仁宗等得就是这个结果，就坎下驴，同意了"纳"字。辽宋争地风波历时十个月，就此画上句号。

但是，天下没有免费的午餐，辽兴宗在获取宋廷20万增币的同时，也将李元昊这个烫手的山芋捧在自己的手里。

3. 征讨西夏

客观地说，辽兴宗把李元昊揽在自己手中，也并不一定完全是为了多获得一些增币，而是也想动一动李元昊，看看他建国称帝后对辽的真实态度。因为西夏建国前后与辽的关系就已经发生了微妙的变化。

夏州党项政权（即党项拓跋部）自李继迁投靠辽廷，双方确立宗藩

关系后（986年），始终与辽保持着友好关系，每年都要向辽廷进贡，首领李继迁、李德明、李元昊也都主动接受辽廷的册封，辽廷为了与西夏搞好关系，还把皇家公主嫁给李继迁和李元昊为妻等。这样的关系，对于双方来说是一个双赢的选择。夏州党项政权可以依靠辽廷这个盟友，来对抗宋廷的讨伐，而辽廷也可以借夏州党项政权之力，来掣肘宋廷。但是，辽与夏州党项政权之间的友好关系，在李元昊掌权之后，便发生了变化。

李元昊是一个有雄心大志的人，不甘心长久依附于宋、辽两强之间，而是要建立独立的国家政权。因此继承王位后，便加快

了建国步伐。但是要想建立独立政权，就必须要处理好与宋和辽的关系。在这方面，李元昊显然是一个很有政治头脑的人，深知联辽抗宋的道理。在与宋产生摩擦的同时，每年向辽进贡，以示臣附于辽廷。

辽兴宗更是把自己当成大国之主，而把夏州党项政权看作是辽的附庸，认为李元昊向自己纳贡是应该的，是理所当然的。因此当李元昊做出辽廷不顺心的事时，便遣人责问。

辽重熙七年（1038年）四月，即李元昊建国称帝前六个月，下嫁于李元昊的辽皇室之女兴平公主病逝，因李元昊与兴平公主感情不和，辽兴宗觉得兴平公主死得有些蹊跷，便派人前往党项部调查其死因。

李元昊对于兴平公主的死，或许有责任，或许没有什么责任，不得而知。不过，在接受辽廷的调查时，肯定是把自己推得一干二净。对此，辽兴宗很不高兴，但又没有什么把柄，也只能忍气吞声。当李元昊在没有请示辽就建国称帝后，辽兴宗很是生气，不仅没有派人祝贺，而且还时刻想着要打压一下李元昊，看一看西夏建国后对辽廷的真实态度。因此，当宋与西夏进行了近四年的战争，双方都疲惫的时候，辽兴宗觉得出手的机会到了，想动一动李元昊。

当宋廷将先期10万增币送到辽廷后，辽兴宗立即派人到西夏命李元昊与宋朝和好（1043年正月）。

李元昊还真就给了辽兴宗一个面子，答应与宋和好。不过，这并不是李元昊怕辽兴宗，而是辽兴宗赶上了正点。

俗话说，歼敌一万，自损八千。宋西夏近四年的战争，双方都遭受了巨大的损失，西夏虽然在对宋的战争中胜多败少，但其毕竟是刚刚建国，底子比较薄，几年战争下来，已经是疲惫不堪，因此李元昊在得到辽廷与宋谈判关南十县的消息后，也开始考虑

与宋停战事宜，并派人与宋廷接触商谈双方和好一事；宋廷在对西夏的政策上，围绕着安抚与征讨两策始终存在着较大的分歧，随着对西夏战争损兵折将，败多胜少，安抚意见逐渐占了上风。特别是宋廷通过向辽廷增加岁币，促成双方修好之后，宋仁宗也由此受到了启示，决定对西夏也采取花钱买平安之策，命边将与李元昊接触，商谈双方和好事宜。正是在这样的背景下，辽兴宗派人到西夏，命令李元昊与宋停战和好。

李元昊是一代枭雄，胆识和智谋绝不在宋仁宗和辽兴宗之下，心里非常清楚，西夏与宋、辽相比，力量最弱，要想成就西夏、宋、辽三足鼎立之局面，西夏就绝对不能同时与宋、辽为敌，在与宋修好之前，也绝对不能与辽反目。因此，他虽然对辽兴宗在自己面前摆老大的架子很是不满，但还是给了辽兴宗一个面子，答应与宋修好。

辽兴宗终于圆上了脸，从宋廷那里又拿到了10万岁币。这样一来，加上澶渊之盟时的30万，辽廷每年在宋廷那里可以享受到50万岁币。同时，西夏每年也要依例向辽纳贡，辽廷自然成为宋、辽、西夏三方中的老大。

与此同时，宋与西夏几经周折，就停战和好一事达成初步意见，只是在边境划分及李元昊向宋廷称臣上还存在着分歧。

李元昊建国称帝的目的就是想与宋廷和辽廷平起平坐，之所以臣服于辽廷，不过是想结辽廷为盟友，一起来对抗宋廷。因此当辽兴宗接受宋朝的20万岁币，帮着宋廷说话的时候，李元昊非常气愤，自然也不愿意看到辽廷坐收渔人之利。于是，在与宋廷谈判的同时，也想让辽廷伤一伤脑筋，派人到辽属党项诸部进行策反工作，让他们背叛辽廷归附西夏政权，并且效果还比较明显，一些已经归附辽廷几十年的党项诸部叛辽归附了西夏。

　　辽兴宗得到这一消息后，并没有直接对西夏用兵，而是派兵对党项叛部进行了征讨。不料，李元昊竟然出兵接收叛辽的党项诸部，打败了辽兵的征讨，辽军一些中高级将领也在对西夏的战斗中阵亡。

　　辽兴宗对李元昊的公然"抗上"行为，还保持着足够的控制力，并没有立即对西夏用兵，而是派人到西夏命李元昊把接受的党项叛部归还辽廷。不料，李元昊不仅没有归还党项叛部，反而自称西朝，称辽廷为北边，摆出与辽廷分庭抗礼的姿态。这下，终于惹火了辽兴宗，决定自亲率兵讨伐西夏，教训教训李元昊。在出兵前，他特意派人到宋廷通告辽廷征伐西夏消息，意图是让宋廷在辽与西夏交兵时不要与西夏讲和。

　　李元昊得到辽兴宗亲自率兵讨伐自己的消息后，在积极迎战的同时，也加快了与宋和好的步伐，同意向宋廷称臣，并派人与阻卜诸部联系一起反辽。

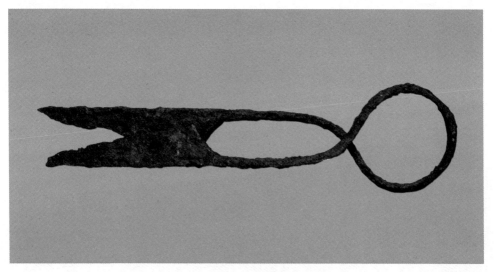

宋仁宗巴不得辽与西夏交兵，见李元昊终于肯称臣了，不顾有关大臣的反对，更没有理会辽兴宗的意见，立即同意与西夏修好。

阻卜诸部并没有与李元昊联合起来反辽，而且还把李元昊的使者抓起来，送往辽廷，并主动请求出兵与辽一起讨伐西夏。这也进一步增加了辽兴宗征讨西夏的信心，在九十九泉（今内蒙古卓资县东北）集齐诸路大军，以萧孝惠和耶律重元为先锋，挥军进入西夏境内，从而拉开了辽与西夏的战争（1044 年 9 月）。

不料，辽兵刚刚进入西夏境内，李元昊却主动派人前来请罪了。原来，西夏与宋打了四年战争，已经是疲惫不堪，根本没有资本再与辽打战争，李元昊鼓动党项诸部叛辽，不过是发泄对辽的不满而已。因此当辽兴宗率大军刚刚进入西夏境内后，李元昊便连忙派人上表请罪，表示愿意亲自把所接收的党项叛部送还辽廷，并上贡了一些土特产。

辽兴宗也并不是一个穷兵黩武之人，对西夏用兵不过是想教训教训敢于"犯上"的李元昊，让其低头认错而已，见李元昊主动请罪承认了错误，便停止进军，派大臣到李元昊军营狠狠地批评了他一顿，赐予其一些酒肉，加以安抚，就准备撤兵。不料，萧孝惠却对撤兵提出了反对意见。

萧孝惠因赞成辽兴宗向宋索要关南十县地，以功加封韩王，接替萧孝穆为北院枢密使兼北府宰相，成为辽廷百官之长，此次又担任征讨西夏先锋官。他认为李元昊是一个反复无常的小人，如今就在眼前，正是消灭他的好机会，如果撤军将后悔莫及，一些好战的将领也都趋附这一建议。

辽兴宗见诸多将领都不同意撤兵，便又来了精神，指挥大军杀向西夏兵马。

双方在河曲（今内蒙古鄂尔多斯市境内）大战一场，西夏军不敌辽兵败退。李元昊见辽兵攻势勇猛，再次派人请降，萧孝惠不许，继续挥军进讨。李元昊一边后退，一边放火烧毁沿路草场，以疲惫辽军，如此一百余里，突然回军反击。恰在此时，老天也帮了西夏一把，刮起大风，沙尘满天。辽军不适应这样恶劣的天气，顿时乱了阵脚，被西夏军杀得大败，落荒而逃。

李元昊率军猛追，一鼓作气，又击败了驻扎在河曲的辽军。当时，辽兴宗正在河曲的得胜寺休息，西夏军杀到附近时，他才得到消息，单枪匹马突破西夏军的阻击才逃得一命。

李元昊不想与辽廷彻底决裂，见辽军大败而逃，便下令停止追击。而辽兴宗并不知道西夏军停止了追击，一边打马紧跑，一边不时地回头观看，见后面又有人马追上来，便不停地打马向前跑去。

跟随辽兴宗一起逃跑的伶人罗衣轻，看清后面追上来的人马并不是西夏兵马，而是败逃的辽兵，这才让辽兴宗停下来。

李元昊见好就收，再次派人前往辽营请降，并将俘虏的辽兵一起送还。辽兴宗侥幸逃得性命，自然不敢再与西夏交兵，也就坎下驴，接受了李元昊请降要求率军返回。

由于辽兴宗是在河曲被李元昊打败的，因此这一仗也被称为"河曲之战"。

河曲之战后，李元昊虽然对辽廷称臣纳贡如故，但辽兴宗心里总是不好受，也总想着雪"河曲之战"之耻，可一想起李元昊，他又不敢再贸然对西夏用兵。于是，把云州（今山西省大同市）升为西京，一方面加强对党项诸部的管理，一方面随时准备再征讨西夏。

辽重熙十七年（1048 年）正月，李元昊因内讧身亡，其遗腹子李谅祚即位，辽兴宗终于等到了报仇的机会，积极备战，准备再

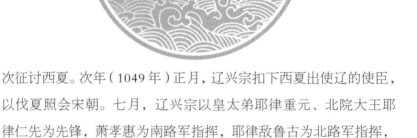

次征讨西夏。次年（1049年）正月，辽兴宗扣下西夏出使辽的使臣，以伐夏照会宋朝。七月，辽兴宗以皇太弟耶律重元、北院大王耶律仁先为先锋，萧孝惠为南路军指挥，耶律敌鲁古为北路军指挥，自己坐镇中路军，兴三路大军讨伐西夏。

辽兴宗率中路军乘战船渡过黄河后，击败小股西夏兵马，便退兵了。萧孝惠的南路军并不知道辽兴宗的中路军已经退兵，结果孤军深入，被西夏兵马打得大败，萧孝惠的儿子萧慈氏奴也死于西夏人的刀下。耶律敌鲁古率北路军攻取西夏的凉州（今甘肃省武威市），打到贺兰山，俘获了李元昊的妻子及西夏有关官员的家属，又击败了西夏三千人的进攻，算是获得了胜利。

辽兴宗在得到萧孝惠兵败的消息后，准备率大军深入西夏境内进讨，在北院大王耶律仁先的极力劝说下，才打消再次进军的打算。

辽重熙十九年（1050年），辽兴宗派大军再次征讨西夏，辽军没有遇到西夏兵马的阻击，大肆抢掠一番后撤兵。

由于李谅祚即位后，西夏国便进入内讧时期，无力对抗辽廷

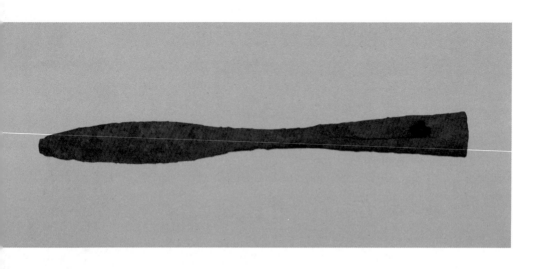

的讨伐，因此不断派人到辽廷请求恢复两国原来的宗属关系，而辽兴宗则乘机罢起了老大的架子。先遣使向宋廷送去讨伐西夏的战利品，以显示武功；随后又派人到西夏问罪，以示训诫。西夏则不断遣使请降，请求称臣纳贡如旧，包括李谅祚的母亲也多次派人请降。但是，辽兴宗老大的瘾似乎还没有过足，对西夏使者说请降之事还需要考虑考虑再说，这一考虑就又是几年。

辽重熙二十三年（1054 年）十月，辽兴宗觉得要足了面子，才准许西夏献上请降誓书，双方正式修好。从此，宋、辽、西夏正式形成三国鼎足局面。三国的关系是，西夏向宋、辽称臣，宋、辽兄弟相称，宋、西夏向辽纳贡。

毋庸置疑，辽是三国中的老大，辽兴宗也终于坐上了三国中第一把交椅。但是，辽兴宗没有想到，他的人生之路也走到了尽头，次年便病逝（1055 年 8 月），其嫡长子耶律洪基即位，是为辽道宗。

SHENG SHI DA LIAO

第六章 盛世大辽

　　契丹旧俗，事简职专，官制朴实，不以名乱之，其兴也勃焉。太祖神册六年，诏正班爵。至于太宗，兼制中国，官分南、北，以国制治契丹，以汉制待汉人。国制简朴，汉制则沿名之风固存也。辽国官制，分北、南院。北面治宫帐、部族、属国之政，南面治汉人州县、租赋、军马之事。因俗而治，得其宜矣。

《辽史》

1. 儒家思想立国

纵观中国 2132 年（公元前 221 年秦始皇建立统一王朝至公元 1912 年清王朝灭亡）的封建社会发展历程，每个王朝大约都经历了建立、发展、兴盛、衰落、灭亡这样一个发展周期，契丹辽王朝自然也不例外。

契丹辽王朝立世 219 年（907 年辽太祖担任契丹可汗至 1125 年辽天祚帝被俘辽王朝灭亡），传 9 帝。从发展历程来看，辽太祖朝 20 年（907—926 年）为契丹辽王朝建立时期；辽太宗、辽世宗、辽穆宗三朝近 50 年（926—969 年）为契丹辽王朝发展时期；辽景宗、辽圣宗、辽兴宗三朝及辽道宗朝前期 110 余年（969—1079 年耶律乙辛倒台）为契丹辽王朝兴盛时期；辽道宗朝后期、辽天祚帝朝前期 30 余年（1079—1114 年阿骨打起兵反辽）为契丹辽王朝衰落时期；辽天祚帝朝后期 10 余年（1114 年至 1125 年契丹辽王朝灭

亡）为契丹辽王朝走向灭亡时期。这样的划分或许并不科学和准确，但大体上也可以反映出契丹辽王朝的发展历程。

从契丹辽王朝发展阶段来看，辽景宗、辽圣宗、辽兴宗朝为辽王朝从中兴走向兴盛时期，辽道宗朝为辽王朝从兴盛走向衰落的折点，由此我们有必要在此折点顿笔用墨，分享一下契丹人所创造的独具特色的契丹辽文化。

契丹辽王朝建立之前，中国北方曾相继崛起过匈奴、鲜卑、柔然、突厥、回鹘等游牧政权。这些游牧政权不论是从政治制度、社会发展、经济文化繁荣程度等方面，还是从统治范围、民族成分、与中原政权关系等方面，都是无法与契丹辽王朝相比的。契丹辽王朝不仅统有长城南北，而且将汉、渤海等农耕民族和契丹等游牧民族统治在一个政权之下，开创了百余年的兴盛时期，创造了举世瞩目的契丹辽文化，对中华民族、中华国家、中华文化及人类文明都做出了历史性贡献，这些不逊于任何一个中原王朝。

那么，契丹人是如何创造这些奇迹的呢？原因显然是多方面的，其中以儒家思想立国便是重要原因之一。

中华文化博大精深，儒家文化无疑是其精髓和基石，是历朝历代封建王朝统治者们用以治理国家的理论基础，契丹辽王朝的统治者们自然也不例外。

契丹建国不久，辽太祖对侍臣说道："受命之君，当事天敬神。有大功德者，朕欲祀之，何先？"群臣一致认为应该先敬佛，辽太祖摇头道："佛非中国教。"

刚刚被册立为皇太子的耶律倍说道："孔子大圣，万世所尊，宜先。"辽太祖欣然同意，下诏在辽上京城内建筑孔子庙（918年），命太子耶律倍每年春秋主持时祭，自己也时常率领群臣祭拜。

不难看出，契丹统治者们建国伊始，便把自己的政权视为"中国"，并把儒家思想确立为立国之本。这里面既蕴含着契丹统治者们尊孔崇儒、蕃汉一家的思想，更彰显着契丹民族彬彬中华之风。

其实，契丹统治者们从来都没有自别于"华夏"族之外。

"华夷"一词，自古有之。"华"即"夏"，合称"华夏"，是居住于黄河流域的先民对本民族的自称；"夷"是相对于"华夏"而言的。"华夏"民族主要形成于夏商时代，至商代时，生活于黄河流域的"华夏"民族，把生活在黄河流域以外的民族称为"蛮、夷、戎、狄"，即所谓的南蛮、东夷、西戎、北狄。"华夏"族即汉族的前身，居住区域被称为中原；"蛮、夷、戎、狄"即诸少数民族的前身，居住区域被统称为边疆，并逐渐形成了"夷夏观"。

这种传统的"夷夏观"，并不是唯种族血缘论的，文化标准占据着主导地位。简而言之，由于语言、文字、生产方式、生活习俗、居住地理等差异，产生了不同的民族。

秦汉以后，随着中原王朝对边疆地区的开发和利用，密切了"华夏"民族与少数民族的关系，促进了民族间的融合，形成了以汉族（因汉朝而得名）为主体，包括诸少数民族在内的新的"华夏"民族（即中华民族）观。有意思的是，在我国南北朝时，以汉族为主体建立的南朝，自称"中国"，称北朝为"魏虏"（即北魏）；

以鲜卑等少数民族为主体建立的北朝（即北魏），也自称"中国"，称南朝为"岛夷"。这种"正统"之争，无疑是共同民族心理在起作用，即无论是以农耕为主的汉族，还是以游牧、渔猎等为主的诸少数民族，都是"华夏"民族的一分子。

正是在这种共同民族心理作用下，契丹族在"追宗溯祖"时，把自己民族比附为炎黄子孙，是"华夏"民族成员。契丹辽王朝的统治者们更是以"中国正统"自居，学习汉文化，使用汉礼仪。

辽太祖开国称帝时，建元"神册"。所谓神册，源出中国道教学说，在古汉语中意味着正统、正道之意。可以简单地理解为"神的册封""神明的旨意"。辽太祖取此年号，表示契丹民族在立国之初，就已经将自己建立的政权视作中国正统。

辽上京皇城建有四门，其中北门取名为拱辰，这显然是取《论语》中"北辰居其所而众星拱之"之意，以此来标榜契丹政权为正统。辽太祖让皇族兼姓汉朝刘邦的刘姓，让后族兼姓汉朝宰相萧何的萧姓，这显然又是以炎黄为远祖，把契丹政权标榜为与汉王朝一脉相承。契丹文字仿汉文字创制而成，汉语言文字与契丹语言文字同为辽王朝官方语言文字。

龙是中华民族的原始图腾，中华大地是龙的故乡，中国人是龙的传人，它联结着中华民族世代子孙，凝聚着中华民族的精神，在中华民族的社会意识中占有相当的地位。契丹民族与龙紧紧地联系在一起。契丹族始祖奇首可汗生活的地方被契丹人称为龙庭；辽太祖所建筑的第一座汉城称龙化州；辽上京地区建筑的第一个固定性建筑物称龙眉宫；辽太祖身上佩戴有"龙锡金佩"；辽上京皇城有龙寺街、辽祖州有黑龙殿、辽祖陵有黑龙门、辽上京附近有开龙寺、辽太祖病逝地点称黄龙府；契丹军队有龙虎军、政府机构有飞龙院、职官有飞龙使等等。

契丹灭亡渤海国后，辽太祖册封开国太子耶律倍为东丹国人皇王，按照中原王朝天子礼仪为其举行了登基仪式。

契丹东丹国人皇王耶律倍在医巫闾山西宫建书楼，购书万卷藏于其中，"通阴阳，知音律，精医乐、砭炳之术。工辽、汉文章，尝译阴符经。"

辽太宗即位后，东丹国中台省右次相耶律羽之上书建议对渤海人要"乘其微弱，徙还其民，万世长策也。彼得故乡，又获木铁盐鱼之饶，必安居乐业。然后选徒以翼吾左，突厥、党项、室韦夹辅吾右，可以坐制南邦，混一天下，成圣祖未集之功，贻后世无疆之福"。从中不难看出，契丹人已经以正统王朝自居。

辽太宗获取燕云十六州后，把年号改为会同，在上京皇都城内建筑同文驿（接待各国使臣的宾馆），这显然是取《礼记·中庸》"车同轨，书同文"之意，亦即兄弟相会，南北一家。辽太宗灭亡后

晋人主汴京后，把年号改为大同，这无疑是取蕃汉一家天下大同之意。辽太宗还规定，"契丹人授汉官者从汉仪，听与汉人婚姻"。

辽世宗不仅大力任用汉族知识分子，而且仿效中原之制，在中央一级设置南枢密院来管理汉人事务，同时还册封汉人女子为皇后等等。

秦汉以来，中国封建政治传统标志之一是"传国玺"，此举代表天赐中国的正统的地位，历代帝王都拼命地争夺。辽会同九年（946年），辽太宗灭亡后晋得"传国玺"，辽王朝更是以"中国正统"自居。

辽圣宗曾作《传国玺诗》，辽兴宗亲自出题《有传国宝者为正统赋》殿试进士，俨然把自己标榜为中国正统天子。辽重熙十一年（1042年），辽兴宗在"重熙增币"中与北宋签订和约时，坚持在和约中将宋朝所送的岁币称为献币。"献"表示"下奉上"，辽兴宗显然是认为辽王朝是中国正统政权。辽兴宗在诏书中写道："我朝之兴，世有明德……中外向化。"这里的"中"便是指代辽王朝就是中国，反映出契丹辽王朝统治者们强烈的"正统"意识。

辽兴宗生母萧耨斤在《庆州白塔螭首造像建塔碑》中，称自己是"南阎浮提大契丹国章圣皇太后"。有研究者认为，其中的"南阎浮提"即梵语"南赡部洲"之异译，指称中国。辽代晚期的石刻中常见"南瞻（赡）部洲大契丹国"或"南赡部洲大辽国"的说法，反映了契丹统治者以"中国正统"自居的思想。

辽圣宗、辽兴宗、辽道宗命人翻译、颁行《方脉书》《史记》《汉书》《通历》《贞观政要》《五代史》等中原典籍。

在辽廷诸帝中，又以辽道宗最为推崇儒家文化，蕃汉一家思想最为强烈。

辽道宗曾听汉人老师讲《论语》，当听到"北辰居其所而众星拱之"时，不无感慨地说，我听说北极之下为中国，我们这个地方不就是中国吗？当老师讲到"夷狄之有君"时，怕辽道宗有什么想法，便不敢再往深讲，快速地读过了此段。辽道宗明白老师的意思，便解释说：上古的时候，居住于北方的人们（这里主要是指居住于黄河以北，以游牧为主的民族，即后来的戎、狄）不懂礼法，所以才被称为"夷"，如今我们学习礼法，建立规矩，遵守法制，文明程度不亚于中原，还怕中原人说"夷"吗？

从这些话中不难看出，辽道宗既承认自己民族过去与中原民族的差距，对中原人称自己民族为"夷"，不耿耿于怀。又正视现实，对自己民族与中原民族齐头并进，共同发展和进步而自豪。

在这里，辽道宗明确指出了"华夏"与"夷狄"的界限，认为应以文明程度的高低来作为确定"夷狄"和"华夏"的标准。并认为辽王朝各个方面已和中华毫无区别，所以称之为"夏"。

辽道宗还曾作《君臣同志华夷同风诗》来抒发汉蕃同风，南北一家思想。辽道宗皇后萧观音亦和诗，表达自己的正统思想，认为辽王朝是继承天意，得到天下同心拥戴，不再是"蛮夷"。

欧阳修编著《新五代史》把契丹列为四夷，辽道宗朝进士刘辉上书建议，辽朝编著国史时，应以牙还牙，把宋开国皇帝赵匡胤"陈桥兵变"夺取后周江山的事情编辑成书，附录于国史后。意思是辽王朝修史时，也把北宋列入"四夷"。辽道宗为了奖励刘辉的言论，任命他为礼部郎中。由此可见，"正统观"的观念已经深入到辽王朝君臣的心里。

辽天祚帝被俘后还表示："伏念臣祖宗开先，顺天人而建业，子孙传嗣，赖功德以守成，奄有大辽，权持正统，拓土周数万里，享国余二百年，从古以来，未之或有。"辽天祚帝被俘虏后仍以正统自居，契丹人的正统观念由此可见一斑。

这里还有一个故事，足以说明契丹统治者们蕃汉一家思想。

辽兴宗坐上辽、宋、西夏三国第一把交椅后，想看一看北宋皇帝宋仁宗长得什么样。但当时没有双方皇帝互访惯例，于是便派擅长绘画的耶律裹履出使宋朝，命其借宋仁宗接见之机，把宋仁宗像偷偷地画回来（1053年）。耶律裹履也不负所望，果然把宋仁宗的像画了回来。不过，辽兴宗虽然没有见过宋仁宗的面，却总觉得画得不像，于是就又通过正式外交渠道，索取宋仁宗画像。他对臣僚说："朕与宋皇帝结为兄弟之谊，所以想见到他的画像，可将此事告知宋使。"随后再派耶律裹履前往宋朝通报此事，并表示如果宋廷能够答应此事，辽廷愿为此送给宋廷美酒若干。

不料，宋廷在这方面却很保守，一口回绝了辽廷的请求。

辽兴宗显得还很执着，再次派使到宋廷表明心意，说两朝通好已经五十余年，自己很思念南朝的皇帝，愿意用自己的画像来交换南朝皇帝的画像。

宋仁宗或许是被辽兴宗的诚心所打动，同意了辽廷的请求。辽兴宗于是再派使臣拿着自己和父皇辽圣宗的画像前往宋廷，去交换宋真宗和宋仁宗的画像。但是，遗憾的是，没等辽使换回宋真宗和宋仁宗的画像，辽兴宗便病逝了（1055年8月）。

宋廷得到辽圣宗与辽兴宗父子画像后，也准备把宋真宗和宋仁宗父子画像送往辽廷，不料没等成行，便接到了辽兴宗病逝的消息。于是就又变了卦，提出新的条件，要求辽廷再用新皇帝辽道宗的画像来交换宋朝皇帝画像。

辽道宗刚刚即位，事情多多，没时间过问此事，于即位的第三年（1057年）才派耶律裹履前往宋廷索要宋朝皇帝画像。

宋廷仍然坚持不给，耶律裹履见宋廷不给画像，便又故技重演，想在宋廷招待酒宴上偷画宋仁宗画像。不料天公不作美，耶律裹履的座位与宋仁宗之间，偏偏有一个花瓶挡着，而且挡得还很严实，根本看不清宋仁宗的"龙颜"。耶律裹履又不敢搞"小动作"，只好在酒宴散时，寻找机会看了宋仁宗一眼。回到馆驿后，就凭这一眼印象，将宋仁宗像画了出来。为了避免上次事件（画得不像）发生，耶律裹履在离开宋朝时，把画像拿出来，让宋送行人员给看一看画得像不像。宋使一看，不禁大吃一惊，说画得惟妙惟肖像极了，耶律裹履这才放下心来。

与此同时，宋廷为了缓和双方关系，派御史中丞张昪出使辽廷，专门商谈双方交换皇帝画像一事。

辽廷对宋廷出尔反尔的行为当然很不满意，坚持要先得到宋仁宗的画像。双方又僵持了半年，辽道宗心里不甘，便又主动派使到宋廷请求宋仁宗画像（1057年10月）。

宋仁宗也终于被辽道宗的诚心所打动，这次没有拒绝，同意把自己的画像送给辽廷，并约定由贺正使（双方祝贺春节的使臣）送到辽廷。

辽清宁四年（1058年）正月，宋使如期来到辽廷，把宋仁宗的画像交到辽道宗手中，双方皇帝终于通过这种特殊方式"见面"了。

辽道宗得到宋仁宗的画像后，心里很是激动，将其供奉于庆州（今赤峰市巴林右旗境内），命人时祭。庆州是辽圣宗、辽兴宗（辽道宗病逝后也葬于此处）陵墓所在地，建有这两个皇帝的御容殿。辽道宗如果没有蕃汉一家同为炎黄子孙的思想，是不会把中原皇帝的画像与自己老祖宗的画像供奉在一起祭祀的。

契丹统治者们仰慕儒家文化，推崇儒家思想，自然要重视和使用汉族知识分子，从而使辽代社会涌现出众多的汉族世家大族，其中韩、刘、马、赵四大家族最为有名。

　　韩，主要是指韩知古的玉田韩氏家族，自韩知古始，其家族世代在辽廷为官，终辽一世 200 余年，玉田韩氏家族在辽廷为官者数以百计，其中"入则为王爪牙，出则为民父母"（韩知古之重孙韩相墓志），"拜使相者七，持节旌缟符印，宿卫交戟，任室猷者九，入侍纳陛者，实倍百人"（韩知古之重孙韩楢墓志）。评书《杨家将》中的大耳韩昌就是韩知古之重孙，韩知古之孙韩德让更是娶辽圣宗的母亲承天皇太后萧燕燕为妻，成为辽廷"太上皇"，玉田韩氏家族由此成为辽代社会第一汉族世家大族。

　　刘，主要是指河间刘氏家族，在辽廷的第一代人物为刘守敬，辽太宗年间跟随赵延寿一起降辽，自此刘氏一族在辽廷世代为官，

其第三代人的代表人物是刘慎行，在辽圣宗朝官至北府宰相、南院枢密使；第四代人的代表人物是刘六符，在辽兴宗朝"关南十县地"事件中扮演了重要角色，以功升任枢密使、中书政事令。

马，主要是指医巫闾山马氏家族，在辽廷的第一代人物为马胤卿，辽太宗朝降辽，其家族世代在辽廷为官，官职最显者是第五代人马人望，为辽道宗、辽天祚帝两朝著名能臣（《辽史》录能吏六人，马人望居其一），官至参知政事（相当于宰相）、南院枢密使。

赵，主要是指卢龙赵氏家族，在辽廷的第一代人物为赵思温，辽太祖朝末被时任契丹国兵马大元帅的辽太宗俘虏（923年），当年（927年）地皇后述律平借安葬太祖皇帝之机，疯狂屠杀拥立太子耶律倍当皇帝的大臣们，当杀到赵思温时，他机智地说服述律平放下了屠刀，不仅救了余下的大臣们一命，他也由此受到辽太宗的重用，自此其家族世代在辽廷为官，且绝大多数出任节度使执掌兵权，是辽代社会中以军功起家的汉人世家大族的代表，至辽末赵氏家族"七世并袭辽世爵""官三事、使相、宣徽、节度、团练、观察、刺史，下逮州县职，余二百人"（《世家大族与辽代社会》）。

除了以上四大家族外，辽代社会还有很多汉人世家大族。诸如辽建国初期进入契丹社会的韩延徽、康默记、王郁等家族；辽中后期经科举而入辽廷为官的邢氏（代表人物邢抱朴、邢抱质兄弟均官至宰相）、马氏（代表人物马得臣，辽朝著名谏臣）、张氏（代表人物张俭，官至宰相）、吕氏（代表人物吕德懋，官至宰相）等家族；辽后期显赫一时的时氏（代表人物时立爱）、左氏（代表人物左企弓，北辽政权的主要人物）等家族，都是终辽一世显赫一时的汉人世家大族。这些人能够在以契丹族为主体的

辽王朝立住脚，世代为官，且官居显位，靠的就是他们具有封建社会出仕为官所必备的儒家文化素养。

儒家思想能够较好地协调君与臣、君与民、臣与民之间的关系，因此成为中国封建专制政治制度的基础，历来为封建帝王所推崇，自然也成为士大夫们修身、齐家、治国、平天下所必须掌握的学问。契丹统治者们重用汉族知识分子来治理国家，正是看中了这些汉族士大夫们身上所具有的忠君爱民的儒家思想。

契丹统治者们不仅自己敬仰儒家思想，把其作为施政治国的指导思想，而且还在社会上积极宣传和倡导儒家思想，使其成为人们生活的行为准则。

辽统和元年（983年），辽廷下诏："民间有父母在，别籍异居者，听邻里觉察，坐之。三世同居者，旌其门闾。"即父母健在的人，搬到别的地方居住，邻居举报后，要以法论处。三代同居的人，在家门挂上旗帜以示表彰。这显然是在全社会倡导孔子的"父母在，不远游，游必有方"思想。

辽开泰元年（1012年），"前辽州录事张庭美六世同居，仪坤州刘兴胤四世同居，各给复三年"。即对祖孙几代同堂的家庭给予表彰和奖励，反映了契丹统治者以孝治天下的思想。

辽统和十三年（995年），辽圣宗"诏归化等处守臣修山泽祠宇、先哲庙貌，以时祀之。""于是诸州孔子庙及奉圣黄帝祠、儒州舜祠、大翩山王次仲（传说是汉字楷书的创始人）祠，俱为一新。"由此可知，契丹统治者们除了建筑孔子庙加以祭祀外，还建筑黄帝、舜帝等中华人文始祖的庙宇加以时祭。

辽圣宗朝著名宰相邢抱朴和邢抱质的母亲陈氏，"涉能经义，凡览诗赋，辄能诵，尤好吟咏，时以女秀才名之。孝舅姑，闺门和睦。有六子，陈氏亲教以经。后二子抱朴、抱质皆以贤，位宰

相"。陈氏去世后，睿智皇后（萧燕燕）"嗟悼，赠鲁国夫人，刻石以表其行。及迁祔，遣使以祭"。即辽廷主政太后（萧燕燕）亲自褒奖和派使祭奠治家教子有方、孝敬老人的陈氏。

辽道宗朝渤海人大公鼎"改良乡县令，省徭役，务农桑，建孔子庙学，部民服化"。即用儒家思想来教化民众。

辽道宗寿昌六年（1100年），"以天德军民田世荣三世同居，诏官之，令一子三班院祗候"。

以上这些记载，反映了契丹统治者们以儒家思想治国的理念和实践。

总而言之，儒家思想立国是契丹民族发展史上一个质的飞跃，是以契丹族为主体的辽王朝存世200余年的一个重要原因。

2. 因俗而治

契丹统治者以儒家思想立国，但并没有完全照搬中原王朝管理体制，而是创造性的实施"以国制治契丹，以汉制待汉人"的"因俗而治"国策，从而有效地将蕃、汉等多民族统治在一个政权之下，创造了百余年盛世。

"因俗而治"国策贯穿于契丹辽王朝政治、经济、社会、文化等诸方面，尤其在以下几方面为世人所称道。

北、南面官双轨制

契丹建国时，国内已经聚居着诸多的民族，根据生产方式和生活习俗，可分为农耕和游牧两大民族。农耕民族以汉人和渤海人为主，这部分人有的是为了躲避中原战乱而逃到契丹的，有的是被契丹贵族俘虏来契丹的；游牧民族以契丹人、奚人、室韦人等为主。就社会发展形态而言，有的处于奴隶制阶段，如契丹、奚等部族，有的处于原始氏族制阶段，如室韦、乌古等部族，有的处于封建制阶段，如汉人、渤海人等。面对如此复杂的社会和民族问题，契丹统治者们创造了一个前无古人的统治方略——"以国制治契丹，以汉制待汉人"，实行北面官和南面官双轨制。

契丹辽王朝北、南面官双轨制度有一个发展和完善的过程。辽太祖在担任契丹可汗时便开始借用中原职官名称来任用汉人管理国内汉人事务，说明辽太祖此时已经有了"因俗而治"的思想，并且付诸实践。辽神册六年（921年），辽太祖"诏定法律，正班爵"，这是契丹建国初期对国家法律政治制度的一次"奠基"，由此建立起了一整套相对完备的政治司法制度，从根本上确立了契丹辽王朝政治和司法制度框架。

在法律制度上，实行"法分蕃汉"，即契丹等游牧民族适用《治

契丹及诸夷之法》等习惯法，汉、渤海等农耕民族适用《唐律》《唐令》等中原法律。

在政权体制上，实行北南面官双轨制，即在中央一级设置两套政权机构，一是保留北、南宰相府等契丹汗国原来固有的政权机构，任用契丹等游牧民族的人为各机构工作人员，管理契丹等游牧民族事务；二是设置汉儿司，任用汉人或渤海人为各机构工作人员，负责管理汉人、渤海人等农耕民族事务。

辽太宗获取燕云十六州后，将汉儿司发展为汉人枢密院，进一步充实了南面官内容；辽世宗即位后将汉人枢密院发展为南枢密院，在北、南宰相府之上设置北枢密院，契丹辽王朝北、南面官双轨制度正式形成（947年）。此后，辽廷对政权机构进行过多次改革，但都是在北、南面官双轨制框架下进行的。

关于北、南面官名称的由来很有意思，与契丹人生活习俗有直接的关系。契丹人有拜日习俗，崇东尚左（北），皇帝大帐坐西朝东，百官行帐分立两侧，位于皇帝大帐左（北）侧的官员（契丹族为主）为北面官，右（南）侧的官员（汉族为主）为南面官。

北面官的最高官衙是北枢密院（辽世宗始置），掌管契丹等游牧民族的一切军政和民政，主要机构有北、南宰相府，北、南大王院、北、南宣徽院、大惕隐司、大林牙院、夷离毕院、敌烈麻都司等，在百官之上还设有于越府等。

南面官的最高官衙是南枢密院，仿唐、五代之制而设，掌管汉人州县、租赋、军马之事，主要机构有中书省、尚书省、门下省、御史台、翰林院等等。

辽帝在上朝处理朝政时着汉服（辽太祖除外），北面官着蕃服（亦称国服）、南面官穿汉服分立两侧。

北南面官双轨制是契丹辽王朝一个伟大的创举，有效地解决

了多民族聚集所产生的诸多矛盾，为后来女真族建立的金朝、蒙古族建立的元朝、满族人建立的清朝建立中央集权统治和处理民族关系，提供了有益的借鉴。

北、南两城皇都

契丹建国之前，由于受自然地理环境及民族生活习俗、生产方式所限，中原政权以皇都为政治中心，而游牧政权则以可汗的行帐，即斡鲁（耳）朵为政治中心。两者最大的区别在于皇都是固定的，是一座城池，而斡鲁（耳）朵是不固定的，是以可汗行帐为核心的若干毡帐群。因此，中原政权往往被称为城国，游牧政权则往往被称为行国。

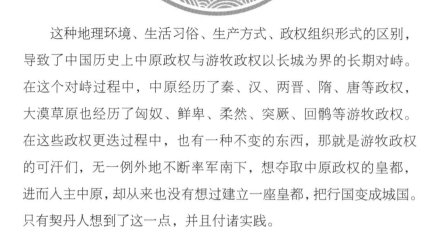

这种地理环境、生活习俗、生产方式、政权组织形式的区别，导致了中国历史上中原政权与游牧政权以长城为界的长期对峙。在这个对峙过程中，中原经历了秦、汉、两晋、隋、唐等政权，大漠草原也经历了匈奴、鲜卑、柔然、突厥、回鹘等游牧政权。在这些政权更迭过程中，也有一种不变的东西，那就是游牧政权的可汗们，无一例外地不断率军南下，想夺取中原政权的皇都，进而入主中原，却从来也没有想过建立一座皇都，把行国变成城国。只有契丹人想到了这一点，并且付诸实践。

辽神册三年（918年），即契丹建国的第三年，辽太祖任命康默记为版筑使，韩延徽等汉臣协助，开始在耶律氏家族发祥地（今赤峰市巴林左旗）营建皇都。康默记也确是建筑天才，只用了百日就完成了皇都城主体建筑。

整座皇都城依契丹崇日尚东之俗，坐西朝东，夯土版筑而成，周长6398米。皇都城北、东、南三面城墙均为直线，西城墙南北两端内折，使整座皇都城形成不规则的六角形椅状。皇都城内以街道为线，规划为若干建筑区域，按蕃汉习俗布局，既有建筑宫殿、寺院等固定建筑物的区域，也有安置毡帐的区域。每面城墙设有一门，北门曰拱辰门，西门曰乾德门，东门曰安东门，南门曰大顺门。

辽太宗朝对皇都城进行了大规模扩建，在对原来的城墙加高加厚，增筑马面、楼橹和郭郭的基础上，在皇都城南又建筑了一座城池，由此整座皇都城由北南二城组成，总体平面略呈"日"字形。

北城称皇城（以辽太祖建筑的皇都城为框架），主要是辽帝及百官办公和契丹显贵居住场所，既有气势恢宏的宫殿，亦有大小不一、色彩斑斓的庐帐；南城称汉城，主要是汉族及其他民族

聚居区域，是皇都地区最大的经济贸易市场和手工业作坊集聚区域，专门设有供西域及其他民族商人来皇都经商做买卖的场所及建有接待诸属国属部使臣信使的驿馆等。

辽会同元年（938年），辽太宗获取燕云十六州，将皇都升为上京，至辽天庆十年（1120年）被金兵攻陷，辽上京作为契丹辽王朝首都计202年（从918年皇都城建筑完成算起）。

契丹皇都城（辽上京）北南两城的"日"字形格局，不论是有意还是无意，都体现了契丹辽王朝"因俗而治"的治国方略，是契丹辽王朝"以国制治契丹，以汉制待汉人"国策的物化象征。

契丹皇都也是北方游牧民族在草原上建筑的第一座都城，在少数民族发展史上具有划时代的意义，标志着游牧民族的生活习性、生产方式、思维模式等发生了质的变化，开始由"方国"向"帝国"发展。

五京与四时捺钵并存

辽天显三年（928年），辽太宗将辽阳东平郡升为南京，作为皇都陪都；辽会同元年（938年），辽太宗获取燕云十六州，将皇都升为上京，辽阳南京改为东京，幽州（今北京市）升为南京；辽统和二十六年（1008年），辽圣宗建中京；辽重熙十三年（1044年），辽兴宗置西京，至此契丹辽王朝五京俱备。其中，辽上京为首都，其他四京为陪都。又其中，上京、中京为辽廷自主设计建筑，其他三京为"修葺旧城"升之。

五京是契丹辽王朝全国地方最高行政建制，辽廷由此将全国版图划分为"五大板块"，以五京总之。

契丹辽王朝五京显然是仿中原京都之制，但又较中原京都制度有所创新。辽廷诸帝并不经常住在京城之中，而是仍然保持着游牧生活习俗，即一年随着季节、气候和水草的变化四时游徙，

称为四时捺钵。

"捺钵"，有的史籍亦称"纳拔""纳钵""刺钵""纳宝"等，汉译为"行在""行营""行宫"。

契丹辽王朝的四时捺钵源于契丹民族的游牧习俗，始于辽太祖阿保机。

辽太祖担任契丹可汗及建筑皇都后，仍然保持着逐水草而居的游徙习俗，在春夏秋冬四季形成了四个比较固定的区域，并在这四个地区建筑了四个土石结构的台基，或用以安置自己的庐帐，或用以举行大型活动，称之为"楼"，由此辽太祖的四时捺钵亦有四楼之说。

　　春捺钵在龙化州一带称东楼（今通辽市奈曼旗八仙筒附近），每年春季来临时（大约每年正月上旬左右），辽太祖从冬捺钵（南楼）启程，带领有关臣僚来到东楼，主要活动是钓鱼捕天鹅；夏捺钵在赤山一带称北楼（今巴林左旗、巴林右旗、阿鲁科尔沁旗北部诸山），随着天气变暖，辽太祖从东楼启程（大约农历四月中旬左右）来到北楼，主要活动是避暑射猎；秋捺钵在祖山一带称西楼（包括今巴林左旗境内辽祖陵、巴林右旗境内辽怀陵、庆陵所在诸山），辽太祖从纳凉地起程（大约农历七月中旬左右）回到西楼秋捺钵地，主要活动是围栏射猎；冬捺钵在木叶山一带称南楼（今翁牛特旗境内西拉沐沦河与老哈河交汇地域），随着天气变凉，辽太祖从西楼启程（大约农历十月中旬左右）来到南楼，主要活动是违寒习武。就这样，辽太祖"每岁四时，周而复始"，游猎于四楼之间。

　　这里的"楼"，并不是指真正意义上的多层建筑物，而是对游牧政权首领驻牧地的泛称。由于游牧政权首领的游牧地是汗国的统治中心，也就是汗国首领发号施令的地方，相对于其他地区经济比较繁荣发达，建筑物也比较多，抑或也有两层以上建筑物，特别是可汗的大帐安置在高高的土台之上，地势要高于其他普通庐帐，显眼而气魄，因此被泛称为"楼"或"楼居"。也就是说，"楼"或"楼居"是游牧民族部落首领或汗国可汗统治中心的同义词。

　　辽太祖四时捺钵被辽廷诸帝延续下来，不过随着中原汉文化的北移、五京及州县城的建立、疆域扩大和民族成分增加，契丹社会封建化内容逐渐增多，契丹人的思维方式也发生了质的变化，不再用"楼"或"楼居"这种传统称谓来称呼辽帝政治中心，"楼"或"楼居"称谓逐渐退出契丹国家政治舞台，因此自辽太宗始，辽帝们四时捺钵并没有"四楼"之称谓。

　　四时捺钵并非纯粹意义上的游猎活动，而是契丹辽王朝的一

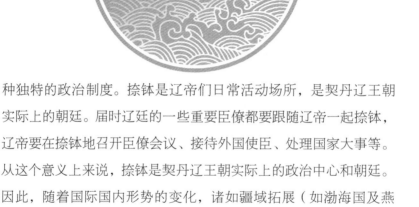

种独特的政治制度。捺钵是辽帝们日常活动场所，是契丹辽王朝实际上的朝廷。届时辽廷的一些重要臣僚都要跟随辽帝一起捺钵，辽帝要在捺钵地召开臣僚会议、接待外国使臣、处理国家大事等。从这个意义上来说，捺钵是契丹辽王朝实际上的政治中心和朝廷。因此，随着国际国内形势的变化，诸如疆域拓展（如渤海国及燕云十六州的并入）、民族成分增加、与中原政权及周边部族关系的变化、战争期间等等，辽帝的四时捺钵地点及时间也都要相应的进行调整。

辽圣宗朝前期，由于辽与北宋时有冲突，捺钵地点相应地南移，春捺钵在鸳鸯泊（今河北省张北县古里诺尔），夏秋捺钵在炭山（今河北省沽源县独石口），冬捺钵多在南京（今北京市）；辽圣宗朝后期历辽兴宗、辽道宗和辽天祚帝前期，由于辽与北宋签订了"澶渊之盟"，南北和平共处，辽帝四时捺钵制度得以完善，地点逐渐固定下来。春捺钵在混同江（今松花江与嫩江合流后松花江）和长春河（今洮儿河），夏捺钵主要有北、南两处，北者在永安山（今赤峰市巴林右旗境内），南者在炭山，秋捺钵在永安山一带，冬捺钵在广平淀，亦称藕丝淀（今赤峰翁牛特旗境内，西拉沐沦河与老哈河交汇处）。

辽圣宗朝后期至辽天祚帝朝前期的百余年间，辽帝们将春捺钵地选在混同江和长春河一带，除了这里水草丰美，适于钓鱼捕鹅之外，一个很重要的原因就是女真人的崛起，辽帝要借春捺钵之机，观察女真人是否有异常活动。

契丹辽王朝的五京与四时捺钵是相辅相成的，五京是"城国"的象征，是区域性政治、经济、文化、宗教中心；捺钵是"行国"的体现，是契丹辽王朝实际上的朝廷和政治中心。五京与捺钵并存，是对契丹辽王朝"因俗而治"国策的最好诠释。

契丹、汉语言文字并行

契丹族由于长期羁縻于强族之下，在建国前并没有文字，而是"刻木为契""传箭为号"。契丹建国后，才有了创制文字的条件。

客观地说，契丹族能够在唐末迅速崛起，其中一个很重要的原因，就是契丹族是一个胸怀博大的民族，能够对其他民族的优秀文化兼收并蓄。

契丹建国时，国内的民族成分是非常复杂的，契丹、汉、渤海、室韦、乌古、突厥、回鹘、吐谷浑、术不姑、沙陀、女真等众多民族杂居。这些民族又可分为两大部分，一部分是以契丹族为代表的游牧民族，一部分是以汉族为代表的农耕民族。

在语言文字方面，以契丹族为代表的游牧民族属于阿尔泰语系，没有文字或部分使用突厥文字和汉语言文字；汉人和渤海人使用汉语言文字。这就使契丹国家至少出现了两种语言和文字。即：汉语言文字和阿尔泰语系突厥文字。

那么，把哪种文字作为官方文字呢？

契丹统治者们既没有把汉文字也没有把突厥文字作为官方文字，而是决定在吸收他族优秀文化的基础上，创制契丹族自己的文字。

辽神册五年正月（920年），即契丹建国的第五年，辽太祖下诏命耶律突吕不和耶律鲁不古开始创制契丹文字。契丹人的工作效率是令人惊叹的，庞大的皇都城只用百日就建筑完工了，契丹文字也只用了9个月的时间就创制完成。

耶律突吕不和耶律鲁不古在韩延徽、韩知古、康默记等汉族知识分子的帮助下，借用汉字偏旁或增减汉字笔画或直接借用汉字，创制出了契丹文字，称契丹大字。契丹大字笔画虽然较汉字简单，但对于使用阿尔泰语系的契丹人来说，学起来却很吃力，

使用难度很大，不便于推广。不久，辽太祖三弟迭剌参照回鹘文字发音方法，对契丹大字进行改造，又创制出了一种新的契丹文字，称契丹小字。契丹小字不但数量少，而且言简意赅，很适合阿尔泰语系人学习使用，因此很快推广开来。

不过，契丹统治者们并没有因为契丹文字的创制完成而封杀汉语言文字，而是规定契丹语言及大小文字与汉语言文字为契丹官方和民间通用语言和文字，两种语言和文字在国内并行不悖。

契丹与汉两种语言文字在契丹国内并行，极大地促进了中原文化与草原文化的交流。中原的一些儒家经典、史学巨著、医药书籍等被翻译成契丹文字，传入契丹社会，不仅带动和促进了游牧民族草原文化的发展，而且极大地促进了契丹社会的进步；而草原文化通过懂契丹语言文字的汉族知识分子传播到中原，极大地丰富了中原文化宝库。

契丹与汉两种语言文字并行不悖，是对契丹辽王朝"因俗而治"国策的最好注释。

部族、州县双轨

唐末中原藩镇割据，战争不断，除了给中原人民带来灾难之外，还造成了汉人口的北迁。一方面，燕云地区的汉人为了躲避战乱逃到契丹；一方面，契丹贵族趁中原纷乱之机南下抢掠，将俘虏的汉人口北迁到契丹腹地，从而使契丹社会出现了大量的汉人口。这些汉人来到契丹的同时，也把中原先进的生产技术带入契丹，从而促进了契丹社会的进步，这也是契丹能够在唐末迅速崛起的一个重要因素。

可以肯定的是，契丹统治者们也清楚地意识到了这一点，同时也遇到了一个新课题，那就是汉人来到契丹后，由于不适应游牧生产方式和生活习俗，一些人又跑回了中原。如何把汉人留在

契丹，是契丹统治者必须要考虑的问题。

在这方面，应该说契丹统治者们还是动了一番脑筋的，那就是建筑城池来安置汉人。由于建筑城池是中原技术，同时也主要是用以安置汉人，因此这些城池也被称为汉城。从史籍记载来看，辽太祖三伯父于越释鲁所建的于越王城（今赤峰市巴林左旗境内），是契丹腹地出现得最早的版筑城池之一。说明契丹建国前，其腹地就已经有了汉城，这些汉城是否有中原名字，由于史籍没有明确记载，也就不得而知了。

汉城既然是一座城池，免不了有"囚禁"和约束之意。也就是说，契丹人早期的汉城有可能是为了防止汉人逃跑而建。不过，可以想象，这样虽然可以最大限度地防止汉人逃跑，却不一定能够留住汉人的心。那么如何才能使汉人安心地留在契丹呢？辽太祖解决了这一问题，那就是设置州县来安置汉人。

其实，在契丹腹地设置州县并非辽太祖的首创，早在唐太宗时就已经有了。唐贞观二十二年（648年）契丹诸部内附，唐太宗李世民在契丹设置松漠都督府，在契丹诸部设置九州，统由松漠都督府管辖，隶属唐营州（今辽宁省朝阳市）。很显然，这是唐太宗对契丹施以的羁縻之策。不过，这种将中原的管理模式强加于契丹诸部的做法，显然是行不通的，不久契丹诸部就又叛唐而去，诸州也都不复存在。

辽太祖比唐太宗聪明，他在契丹设置州县不是用来管理契丹人，而是用来安置汉人，因此取得了非常好的效果。

从《辽史》记载来看，辽太祖在契丹腹地设置的第一个州城叫龙化州（今内蒙古通辽市奈曼旗孟家段古城），时间是辽太祖担任迭剌部夷离堇的第二年（902年），为了安置从代北（今山西省北部）俘虏来的95000余汉人口建筑了此州城。因建城之地为

契丹始祖奇首可汗故壤，被契丹人称为"龙庭"，故用龙化州以名。此后辽太祖又连续率军南下，将俘虏来的汉人口建州县以安置。为了使这些汉人口能够安心地在契丹生活下来，在州县的名称上仍沿用汉人在中原时所居州县名称。至契丹建国时，契丹腹地已经有了一定数量的州县。

也就是说，在契丹建国前，辽太祖就已经有了一套成熟或比较可行的建置州县来安置汉人的统治办法，开国称帝后又将这一办法确立为"因俗而治"的治国方略，并由此特设汉儿司来管理汉人事务。辽太宗、辽世宗继承和发扬了阿保机的"因俗而治"思想，确立了北、南两面官双轨制，其中的南面官就是为管理州县而设置。

契丹统治者们在建筑州县安置汉人口的同时，也不断地对草原诸部用兵，征服周边部族，至其开国称帝时，基本上征服了北方的室韦、乌古、敌烈诸部，西边的奚五部及东北的部分女真部落。在对被征服民族的管理上，契丹统治者们并没有套用州县管理模式，而是根据各部族的生产方式和生活习俗施以不同的管理模式。有的留居原地置为属国、属部，保留原来的管理模式，施以松散式管理，有的内迁到契丹腹地重新编部，由辽廷直接管理等，从而使契丹辽王朝政区出现了双轨制，即中原传统模式的州县制政区和具有游牧民族特色的部族制政区并存。契丹辽王朝极盛时，辖5京、6府、156州（军、城）、209县、52部族、60属国。其中的京府州县即为中原的州县制管理模式，部族、属国即为原始的部族制管理模式。

需要说明的是，契丹辽王朝政区双轨制，并不是截然分开的，而是相互混置的。即州县和部落是混合在一起的，亦即一个地区内既有州县也有部落。这一点在上京和东京显得尤其突出。这种州县与部落并存的政区双轨制，是契丹辽王朝"因俗而治"政策

的具体反映。

这里还有一点需要探讨一下，那就是契丹统治者们为什么对契丹等游牧民族实行部族制管理呢？除了上述"因俗而治"统治方略而外，可能还有另外一个更重要的原因，那就是防止契丹民族汉化。

据《旧五代史》记载，辽太祖得知后唐庄宗李存勖被乱军所杀的消息后，曾感慨地对后唐使臣姚坤说："吾解汉语，历口不敢言，惧部人效我，令兵士怯弱故也。"也就是说，辽太祖精通汉语，但从来不当着契丹人的面讲汉话，原因就是害怕契丹人忘记自己民族的习性。从这一点来说，契丹统治者们对契丹等游牧民族实行部族制管理，其中一个很重要的原因就是为了防止契丹等游牧民族汉化。试想一下，如果契丹建国后便全盘汉化会是一个什么结果？由此我们不得不佩服以辽太祖为代表的契丹统治者们的聪明才智和远见卓识。

"因俗而治"内涵丰富而厚重，是契丹民族为人类所奉献的民族政策精装版，如果所有的民族都发扬这种包容共生的优秀美德，又何愁世界大同！

3. 群英荟萃兴大辽

契丹辽王朝百年盛世期间涌现出了众多的良臣贤相，如果把辽廷皇帝比作月亮，那么这些良臣贤相就是拱围在月亮周边的星辰，正是这些良臣贤相将契丹辽王朝推向盛世并延续了一百余年。本书选择辽景宗、辽圣宗、辽兴宗三朝及辽道宗朝前期（969年至1065年）一百余年间，对契丹辽王朝盛世做出重要贡献的良臣贤相作一简略介绍。

耶律贤适，季父房皇族人，辽景宗在藩邸时政治集团中的重要成员，对辽景宗夺取皇权发挥了主要作用。辽景宗即位第二年（970 年），萧思温（萧燕燕父亲）被害，耶律贤适继任北院枢密使，成为辽廷百官之长，在任 10 年，后因病退休（约 979 年）。耶律贤适好学有大志，在担任辽廷百官之长期间，为人诚实，勤政干练，酒宴休息期间继续办公，在他的身先士卒下，辽廷政府机关各部门工作人员也都勤政务实，扎实工作，使辽廷改变了辽穆宗朝的颓政局面，逐渐步入正轨，为契丹辽王朝中兴奠定了基础。

耶律斜轸，六院部皇族人，继耶律贤适为北院枢密使（982 年左右），两年后辽景宗病逝（982 年），辽廷处于"母寡子弱，族属雄强，边防未靖"危局之中。耶律斜轸先是与韩德让携手拥立辽圣宗继承皇位，实现萧燕燕摄政及辽廷皇权平稳交接（982 年），随后辅佐萧燕燕母子巩固皇权，稳定局势，平定女真诸部族叛乱，取得燕云保卫战胜利，不仅一举改变了辽廷危局，而且使契丹辽王朝步入中兴轨道。辽统和十七年（999 年）病逝任上，在任 20 年，为契丹辽王朝走向盛世做出了巨大贡献。

韩德让，与萧燕燕同时步入辽廷政坛，萧燕燕嫁入后宫，韩德让进宫当差（969 年），两人又相继而逝，萧燕燕病逝于辽统和二十七年（1009 年）十二月，韩德让病逝于辽统和二十九年（1011 年）三月。这期间，萧燕燕由后妃升为皇后再升格为国母摄政，韩德让则历任南院枢密使（981 年）、总萧燕燕母子宿卫事（982 年）、封楚国公与北府宰相室昉共执国政（986 年）、娶萧燕燕为妻为辽廷"太上皇"（988 年）、封楚国王（989 年）、北府宰相（994 年）、兼北院枢密使、拜大丞相、封齐王、总领北、南两院枢密使事集辽廷蕃汉、军政大权于一身（999 年）、赐"耶律"皇姓、晋封晋王（1001 年）、出宫籍、隶横帐季父房、列辽景宗庙

位、位居诸亲王之上（1005 年），死后陪葬萧燕燕（1011 年）。由此不难看出，韩德让与萧燕燕如影随形，"独步"辽廷政坛 40 余年。这 40 年正是辽王朝从中兴到鼎盛的时间段，期间萧燕燕是辽廷的实际领导人，韩德让是辽廷百官之长位极人臣。由此我们说，是韩德让辅佐萧燕燕把辽王朝推向鼎盛，亦即韩德让是契丹辽王朝开创盛世的首功之臣。

耶律室鲁，南院部人，继韩德让为北院枢密使（1011 年），封韩王，任职两月病逝。

耶律化哥，孟父房皇族人，继耶律室鲁为北院枢密使（1011 年），封豳王，在率军征讨阻卜诸部中政策失当被免职（1013 年），在任 3 年。

耶律世良，南院部人，继耶律化哥为北院枢密使（1013 年），封歧王，病逝于东征高丽途中（1016 年），在任 4 年。

萧合卓，突吕不部人，继耶律世良为北院枢密使（1016 年），在任 10 年病逝（1025 年）。

以上 4 人在辽圣宗亲政后的 15 年内相继为辽廷百官

之长，时值辽王朝步入盛世，辽圣宗刚刚亲政，精力和执政能力旺盛，这几人虽然没有什么显著政绩可言，但也正规正矩，既没有弄权，也没有贪污腐败。这其中以萧合卓的能力和政绩稍差一些，他担任北院枢密使10年间妒贤嫉能，不提拔任用比自己能力强的人，使一些人才受到压制，在某种程度上影响了契丹辽王朝的发展，同时也是造成辽圣宗朝后期及辽兴宗朝萧氏兄弟握政的一个因素。但是，萧合卓为政清廉，生活简朴，当时辽廷崇尚奢侈之风，讲究生活腐化，作为百官之长的萧合卓能够洁身自好、清廉为官也是难能可贵的，这也有可能是辽圣宗重用他的一个很重要的因素。

萧朴，拔里氏国舅帐少父房人，少年老成，博学多智，继萧合卓任北院枢密使（1025年），是辽圣宗朝最后一任北院枢密使，同时也是辽圣宗亲政22年间6任北院枢密使中比较有作为、政绩较显著一人。一方面，萧朴颇有才干，知人善任，纠正了前任萧合卓在用人方面的许多弊端，处理朝政既合辽圣宗的心意，又颇受群臣称道；一方面，萧朴是当时拔里氏国舅帐少父房家族中的代表人物，在抑制萧耨斤（辽兴宗母亲）专权迫害齐天皇后方面发挥了重要作用。辽兴宗即位后，萧耨斤强行摄政，萧朴因反对萧耨斤而受到排斥，被免去北院枢密使改任东京留守（1034年）。萧朴虽然被贬出朝堂，但仍然心系国家，帮助辽兴宗重新夺回皇权，以功出任南院枢密使（1034年），后病逝任上（约1037年）。萧朴是辽圣宗朝后期及辽兴宗朝前期的重要人物，在稳固辽兴宗皇权、抑制元妃萧耨斤乱政、稳定辽廷政局等方面发挥了至关重要的作用。

萧孝穆，拔里氏国舅帐少父房人，继其弟萧孝先（继萧朴为北院枢密使）为北院枢密使（1037年），是辽圣宗朝后期、辽兴宗朝中前期重要人物。一方面，萧孝穆是当时拔里氏国舅帐少父

房的代表人物，在抑制妹妹萧耨斤乱政、帮助辽兴宗夺回皇权、制止萧氏诸兄弟握政擅权等方面发挥了重要作用；一方面，萧孝穆人品正，办事公道，文武全才，既有军功，也有政绩，在朝中享有很高的威信，辅佐辽兴宗延续了契丹辽王朝盛世局面。辽重熙十二年（1043年）正月，萧孝穆因反对辽兴宗出兵伐宋改任南院枢密使，半年后复任北院枢密使，不久病逝（1043年10月），被时人称为"国宝臣"。

耶律仁先，孟父房皇族人，辽兴宗朝后期历任南院大王、北院大王，辽道宗朝历任南院枢密使（1056年）、北院枢密使（1058年）、南京兵马副元帅（1058年）、北院大王（1060年）、复任南院枢密使、北院枢密使（1060年）。耶律仁先是辽兴宗朝后期、辽道宗朝前期重要政治人物。一方面，耶律仁先在辽兴宗朝是打压萧氏诸兄弟握政擅权的重要力量，维护了皇权的权威性；一方面，耶律仁先在辽道宗朝抑制和平定了耶律重元父子叛乱，稳固了皇权；一方面，耶律仁先掣肘和打压萧革、耶律乙辛等奸臣、权臣，维护了辽廷正常秩序。辽咸雍元年（1065年），耶律仁先拜于越、晋封辽王，对耶律乙辛的不法行为有所抵制，由此受到耶律乙辛排斥，被贬出朝堂先后任南京留守（1065年）、西北路招讨使（1069年），几年后病逝任上（1072年）。耶律仁先是终辽一世著名军事家（与耶律休哥齐名）、著名三于越之一（辽王朝有于越十数人，著名者有耶律曷鲁、耶律屋质、耶律仁先，史称"三于越"），是辽王朝最后一位有作为的北院枢密使，他被贬出朝堂后，辽廷进入耶律乙辛擅权时间段，开始走下坡路。

根据《辽史》记载，自辽景宗即位（969年）至辽道宗朝耶律乙辛擅权（1065年）的100余年间，辽廷担任北院枢密使者计19人，上述10人是其中较有作为者，很好地发挥了辽廷百官之长的作用，

为契丹辽王朝开创盛世做出了重要贡献。除上述人员外，还有许多为契丹辽王朝盛世做出突出贡献的人物，再择几人加以简介。

耶律休哥，仲父房皇族人，辽景宗朝官至北院大王、拜于越，辽圣宗朝任南京留守、总南京军政事务，辽统和十六年病逝任上（998年）。耶律休哥是契丹族著名军事家，自高梁河之战（979年）至其病逝的20年间，一直总兵镇守南京，既是辽南下伐宋的指挥官，亦是辽防御宋北上收复燕云十六州的桥头堡主，正是由于他的存在，使辽在与宋的军事交锋和对抗中终始掌握着主动权。耶律休哥虽然在辽宋签订"澶渊之盟"（1004年）前6年便病逝，但"澶渊之盟"的签订与他镇守南京20年对宋廷的军事震慑是分不开的，从这一点来说，耶律休哥亦是"澶渊之盟"、契丹辽王朝走向盛世的首功之臣。

萧挞凛，乙室已氏国舅帐人，契丹族著名军事将领，萧燕燕摄政期间重要人物。一方面，萧挞凛是当时乙室已氏国舅帐代表人物，全力支持萧燕燕母子改变"母寡子弱"危局，在稳定辽廷政局方面发挥了主要作用；一方面，萧挞凛多年率军征讨阻卜、女真、渤海人等部族叛乱，在解决辽廷"边防未靖"方面发挥了重要作用；一方面，萧挞凛在辽与宋的战争中发挥了重要作用，辽统和二十二年（1004年），萧挞凛率所部兵马随萧燕燕母子伐宋，指挥部队奇袭包围了澶州城，在指挥部队攻城时中箭身亡。萧挞凛虽然未能亲眼目睹"澶渊之盟"的签订，但他率军包围澶州是辽宋双方签订"澶渊之盟"的先决条件，从这一点来说，他是辽宋签订"澶渊之盟"、结束南北长达数十年战争的功臣，他也是民间故事《杨家将演义》中辽方大将萧天佐的原型。

萧排押，拔里氏国舅帐少父房人，辽穆宗朝官至政事令（968年），历辽穆宗、辽景宗、辽圣宗三朝，辽圣宗朝官至驸马都尉、

北府宰相，辽太平三年病逝（1023年），为官50余年。萧排押是辽圣宗朝重要人物。一方面，萧排押是当时拔里氏国舅帐少父房代表人物，在辽廷及诸部族中颇有人望。辽景宗即位后，由于萧燕燕入主后宫占据了拔里氏国舅帐统治的后宫之位，拔里氏国舅帐与乙室已国舅帐（萧燕燕家族）之间矛盾加剧，辽廷后宫进入权争危局。萧排押全力维护萧燕燕母子的权威，避免了二国舅帐间矛盾激化，为稳定辽廷政局发挥了重要作用；一方面，萧排押是当时著名的军事将领，英勇善战，率军平定了女真人、渤海人叛乱，在解决"边防未靖"方面发挥了重要作用。辽统和二十二年（1004年）萧排押率军随萧燕燕母子南下伐宋，萧挞凛在攻打澶州城时阵亡，萧排押临阵受命担任辽兵总指挥，指挥部队继续攻城，最终促成了澶渊之盟，他也是民间故事《杨家将演义》中辽方大将萧天佑的原型。

契丹辽王朝是契丹贵族和汉族上层人物共同建立的政权，开创辽王朝盛世自然也少不了汉族知识分子的功劳，在辽王朝一百余年盛世期间，有众多的汉族知识分子出力期间，发挥了正能量，现择几人加以简介。

高勋，辽太宗朝由石晋归附辽朝，辽世宗、辽穆宗、辽景宗三朝均担任南院枢密使，期间在辽景宗朝曾担任上京留守、南京留守，封赵王、秦王，是辽景宗夺取皇权的重要功臣。

韩匡嗣，开国勋臣韩知古之子，辽景宗朝历任上京留守、南京留守、摄南院枢密使，封燕王、秦王，是辽景宗朝的重要人物，由于他与辽景宗关系密切，因此其家族即玉田韩氏家族崛起，成为辽王朝与耶律氏皇族、萧氏后族并列的第一汉族世家大族，玉田韩氏家族是辽廷皇权的忠实维护者，为契丹辽王朝盛世做出了巨大贡献。

　　室昉，辽太宗朝科举入仕，辽景宗、辽圣宗朝重要人物，官至南院枢密使、北府宰相，兼修国史，主持编纂《辽皇朝实录》20卷，是汉人担任北府宰相第一人，很好地处理了契丹与汉人的关系，为辽王朝中兴做出了重要贡献。

　　郭袭，辽景宗朝官至南院枢密使，赐协赞功臣号，是终辽一世屈指可数的几位谏臣之一。

　　张俭，辽圣宗朝科举第一人仕（996年），官至南院枢密使，封韩王、陈王，是辽圣宗朝后期、辽兴宗朝前期重要人物。辽圣宗病逝，张俭授遗诏辅佐辽兴宗即位，以功拜太师、中书令、加尚父，辽重熙十年（1041年）辽兴宗欲乘宋与西夏战争之机出兵伐宋，以收复关南十县地，并就此征求张俭意见，时张俭已退休在家，他劝辽兴宗不要兴兵，派人索地即可，由此避免了辽宋间战争的发生。张俭为官40余年（1053年病逝），在相位20余年，为人正直，政绩颇佳，一件朝服穿了30年，辽兴宗要为他五个弟弟升官，他也坚决不同意，是终辽一世屈指可数的清廉高官之一。

　　邢抱朴、邢抱质，兄弟二人均在辽圣宗朝官至南院枢密使，

好学博古，尤长于儒学，以孝、勤政为民名于当时，政绩显著，为时人所称道。

马得臣，好学博古，尤其擅长诗文，辽景宗朝出仕为官，辽圣宗朝官至谏议大夫，曾辑录唐高祖、太宗、玄宗三朝事呈献给辽圣宗，并以此劝谏辽圣宗少击鞠行猎，是辽王朝有名谏臣之一。

王继忠，原为宋高阳关副都部署、云州观察使，辽统和二十一年（1003年）被辽将萧挞凛俘虏入辽，他既忠于宋朝亦忠于辽朝，往来南北之间，最终促成了"澶渊之盟"，结束了南北40余年的战争，官至南院枢密使（1019年），封楚王，赐耶律姓氏，辽太平三年病逝（1023年）。

刘景、刘慎行父子，前者是辽穆宗、辽景宗两朝著名谏臣，后者在辽圣宗朝官至南院枢密使事、北府宰相，兼修国史，以谏名于当时，其五子中，有两子被辽圣宗招为驸马，第六子刘六符仕辽兴宗、辽道宗两朝，为辽兴宗朝著名宰相。

杜防，辽圣宗朝科举出仕，官至南院枢密使，辽兴宗朝历官参知政事、南府宰相，辽道宗朝官至右丞相、尚父，为辽兴宗朝著名宰相。

马保忠，辽兴宗朝历官南院枢密使、尚父、守太师兼政事令，著名谏臣。

杨绩，辽圣宗朝出仕为官，辽兴宗朝官至南枢密院副使，辽道宗朝官至南院枢密使、宰相，封赵国公、齐王、晋王、赵王，政绩显著。

杨佶，辽圣宗朝科举第一入仕，官至翰林学士，辽兴宗朝参知政事、知南院枢密使、吏部尚书，政绩颇佳。

以上这些人只是辽廷汉臣中的代表，可以肯定的是，在契丹辽王朝百余年盛世期间，汉族知识分子在辽廷为官者不在少数，

他们的作用是契丹人所不能代替的，他们在契丹辽王朝走向盛世过程中发挥了正能量，是契丹辽王朝开创盛世的有功之人。

4. 万国来朝

契丹辽王朝全盛时期，疆域面积"东至于海"，即今日本海、鄂霍次克海；"西至金山"，即今阿尔泰山以西；北接斡朗改、辖（黠）戛斯，即今贝加尔湖附近；南邻黑汗；西州回鹘、西夏、北宋、高丽。总面积约450万平方公里。辖5京、6府、156州（军、城）、209县、52部族，为东北亚霸主。

辽廷对被征服地区采取"因俗而治""区别对待"的统治方略，其统治范围内的部众有部族、属国、属部之分。部族主要是指契丹政权原有的部族（如契丹古八部、大贺氏八部、遥辇氏八部等）及由被征服游牧民族整合改编而成的新部族。这些部族有大有小，是辽王朝的主体，最盛时"部族五十有二"。属国、属部是辽廷对被征服地区的一种松散的统治方式，即保留被征服民族原有的政权和管理模式，成国者称属国，没有成国者称属部。

据《辽史·百官志》载，辽属国81，属部69（这一数字肯定要少于实际数字）。这些属国、属部有大有小，有远有近，通过向辽廷定期或不定期朝贡表示归附。辽廷在上京、中京等京城专门设置驿馆，用以招待诸属国、属部使臣。

从《辽史》的记载来看，所谓诸属国、属部朝贡，并非政治意义上的进贡，更多的是指经济贸易往来。即某一国家或部族来辽经济贸易时，例行向辽朝皇帝、皇后进献一些礼物，以表示友好，与此同时，辽朝皇帝、皇后自然也例行回赠。

有辽一代，与辽廷有外交、朝贡及经贸关系的国家（包括属国）

和部族（包括属部）不下百数，尤以北宋、西夏、高丽、回鹘、女真、阻卜等与辽朝关系最为密切。

北宋

在辽对外关系中，北宋是最主要的外交对象。双方最早于辽景宗朝建立外交关系（974年，一说为975年），互通使臣，后因北宋出兵攻打北汉，双方中断了互通使臣（978年）。"澶渊之盟"后，双方和平相处，互通使臣成为定制（自1005年始）。大致有以下几方面内容：一是北宋每年向辽输送银绢50万匹两，其中"澶渊之盟"（1004年）规定北宋向辽输绢20万匹、银10万两，辽兴宗朝增加绢10万匹、银10万两（1043年）。二是双方地位平等，双方皇帝以私人名义通信时称兄弟，以政府名义通信时称南北朝。三是每年有几个规定的通使节点，即双方皇帝（及重要的皇太后、皇后）登基、生日、病逝及春节，双方都要派使臣前往祝贺或吊唁。双方通使时间长达120余年，即从"澶渊之盟"（1004年）至北辽建立（1122年）。

据有关资料统计，在辽宋和好的近120年间（1004年至1122年），双方通使达1600多人次。据《辽史》记载，辽与北宋互通使臣自辽统和二十三年（1005年）始，北宋最早使辽的使臣是孙仅（时任北宋开封府推官），使辽向承天太后萧燕燕祝寿。由于孙仅是辽宋"澶渊之盟"后，北宋使辽的第一位使臣，因此受到辽方的热情接待。孙仅于当年5月（1005年）进入辽境，即受到辽当地刺史的迎接，沿途幕僚、县令及父老百姓捧着酒壶在他们的马前献酒，有些普通百姓还烧香迎接宋使。辽方接待人员更是服务周到，不断寻问宋使需要什么，均给予满足。辽圣宗当时在幽州境内避暑，听说宋使来了，马上到南京（幽州）接见，多次摆设酒宴亲自招待孙仅等使臣。孙仅辞行时，辽圣宗又赠给他们

器物衣服及马 500 余匹等。由于辽方接待过于热情周到，孙仅等对一些礼仪不得不加以推辞。此后，北宋出使辽朝的使臣均按此例接待。辽朝最早出使北宋的使臣是耶律合柱、韩椅（韩知古曾孙、韩德让侄孙）、耶律盆奴、高正。同年 10 月（1005 年），北宋将第一批输银绢（时称岁币）送至辽，11 月辽圣宗派太保合柱、颁给使韩椅，皇太后萧燕燕派太师盆奴、政事舍人高正使宋，向宋真宗拜年（祝贺正旦节）。此后双方通使成为定制，一直到辽天祚帝逃进夹山、耶律淳在南京（今北京市）建立北辽政权（1122年），北宋与辽中断了输银绢及通使关系。期间，北宋历史上一些著名人物如韩琦、王珪、欧阳修、苏颂、王安石、苏辙、包拯、富弼、沈括等都曾出使过辽朝。辽廷在中京（今赤峰市宁城县境内）建有大同驿，以接待北宋使臣。

西夏

西夏建国前便与辽廷有着密切的联系，辽统和四年（986 年），西夏前身党项拓跋部首领李继迁因受到宋廷的征剿请附辽廷，至辽保大二年（1122 年）西夏降金，西夏以辽属国身份向辽朝贡、经贸达 136 年。期间，辽朝为西夏宗主国，对西夏国王进行册封，如册封西夏太祖李继迁（990—1003 年在位）定难军节度使、银夏绥宥等州观察处置等使、特进检校太师、都督夏州诸军事（984 年）、夏国王（990 年，有研究者认为，西夏政权从此算起）、西平王（997年）、赠尚书令（1003 年）；册封西夏太宗李德明（1004—1031年在位）朔方军节度使（1000 年）、西平王（1004 年）、夏国王（1010）；册封西夏景宗李元昊（1032—1048 年在位）夏国公、驸马都尉（1031 年）、夏国王（1032 年）；册封西夏惠宗李秉常（1067—1087 年在位）夏国王（1068 年）；册封西夏崇宗李乾顺（1087—1139 年在位）知国事、夏国王（1089 年）。辽保大二年（1122

年），西夏国王李乾顺出兵援救辽天祚帝兵败降金，与辽断绝关系，三年后辽王朝被金灭亡（1125年）。

西夏臣附辽廷的136年间共历6位国王，其中第四位国王毅宗李谅祚（1048—1067年在位）因其父亲李元昊与辽交兵之故，没有得到辽廷册封，但其在位期间，不断派使臣至辽朝贡，并请求恢复原来的隶属关系，只不过辽廷没有答应。

辽廷共有3位公主下嫁西夏国王。分别是义成公主（王子帐耶律襄之女）下嫁西夏太祖李继迁（989年），兴平公主（不知何人之女）下嫁西夏景宗李元昊（1031年），成安公主（皇族之女）下嫁西夏崇宗李乾顺（1105年）。

西夏既是辽的属国，同时也是辽的盟友，双方互为援手共同掣肘北宋，从而形成了中国历史上辽、北宋、西夏三足鼎立局面。辽廷在上京和中京分别建有临潢驿和来宾馆接待西夏使臣。

高丽

高丽国由朝鲜半岛上的泰封国（亦称后高句丽国）大将王建建立（918年），经过十几年兼并战争，最终统一朝鲜半岛（936年），史称王氏高丽。

王建建立高丽国前后，为了自身利益，主动与契丹搞好关系，曾于辽太祖九年（915年）向契丹进献宝剑，建国当年（918年）遣使向契丹朝贡，辽天赞四年（925年）向辽朝贡等等。期间，辽太祖亦派使到高丽回访（922年）等等。但是，契丹灭亡渤海国（926年），将渤海国故地包括辽东地区纳入版图，由此与早就想向北扩张的高丽国发生了矛盾。当时渤海人不断反辽的背后，就有高丽的影子。在此后一段时间里，不断有渤海人逃入高丽国。如辽天显三年（928年），渤海人金神等60户投奔高丽；辽天显九年（934年），原渤海国世子大光显率众数万投奔高丽等等。高丽对

投奔而来渤海人给予保护和支持，由此引起辽廷对高丽的不满。辽会同五年（942年），辽太宗派使臣到高丽，试图沟通修复双边关系，高丽态度却出人意料的强硬，将辽使臣流放海岛，将辽送给高丽的骆驼饿死，双方关系彻底破裂。

高丽为了向北扩张，积极与中原政权建立联系，特别是北宋建立后（960年），高丽派使至宋建立宗属国关系，使用宋朝年号，这极大地刺激了辽廷。但由于辽太宗、辽世宗、辽穆宗、辽景宗四朝因燕云十六州关系，把主要精力用于中原，因此对高丽采取了姑息态度。

辽圣宗即位、萧燕燕摄政后，为了改变辽廷"母寡子弱，族属雄强，边防未靖"危局，开始对反辽的周边部族用兵，高丽自然也在其中。

　　辽统和三年（985年），即北宋"雍熙北伐"前一年，派使至高丽，欲联结高丽一起攻击契丹，高丽虽然没有答应，但辽廷为了避免两面受敌，决定出兵高丽给以威慑。后来因为天气、道路等原因才取消了出兵高丽的计划。

　　辽统和十年（992年）十二月，辽廷命东京留守萧恒德率军东征高丽，辽兵在边境上击溃高丽边防守军的阻击，攻陷其边城，迫使高丽国王王治奉表称臣。萧燕燕见震慑高丽的目的已经达到，便适可而止，下令退兵。自此高丽使用辽年号，向辽称臣纳贡并与宋断交，辽廷则将高丽屡次乞求的女真鸭绿江以东数百里地赐给了高丽加以笼络。从此，辽与高丽确立了宗属国关系，高丽连年向辽廷纳贡，并派童子到辽学习契丹语言，萧燕燕还应高丽国王王治所求，将驸马萧恒德之女下嫁给他，双方联姻，互派使臣，往来问安不断。

　　辽统和二十八年（1010年）五月，高丽西京留守康肇发动政变，杀死国王王诵，拥立王诵从兄王询为国王，引起高丽政坛动荡。辽圣宗刚刚亲政，正想树立自己的威信。于是亲率大军东征高丽，不想这场战争一打就是10年（1010—1019年）。期间，双方互有胜负，最终高丽再次俯首称臣（详见上文），一直到辽亡。

　　辽廷通过战争使高丽成为辽的藩属国始（993年），至辽天庆十年（1120年），双方关系因金国崛起中断，高丽向辽称臣纳贡120余年。期间，双方关系大致体现在以下几方面：一是高丽新国王即位，必须向辽廷禀报，由辽廷册封新高丽国王。如高丽国王王治（995年即位）、王诵（998年即位）、王钦（1021年即位）、王运（1086年即位）、王误（1112年即位）等均受到辽廷册封；二是高丽几乎每年向辽纳贡；三是高丽使用辽年号；四是辽廷有重大事项，如皇帝、皇后即位、病逝，对外战争胜利等，高丽均

遣使到辽祝贺、吊唁。

高丽与辽的经济文化往来也比较密切。经济方面，高丽向辽纳贡的主要物品有金器、紫花绵绸、细布、人参等；辽廷回赐高丽的物品主要有犀玉腰带、细绵绮罗绫等。同时，双方还在边境地区设置市场，相互经贸等。文化方面，高丽曾向辽派童子学习契丹语言文字，如辽统和十三年（995年）十一月，"高丽遣童子十人来学本国语"。辽宗教对高丽也有重大影响，辽廷曾赐予高丽佛经如《契丹藏》等，对高丽佛教有直接影响。

辽廷在中京建有朝天馆，以招待高丽使臣。

回鹘

回鹘最早是游牧于贝加尔湖南部高车部落联合体中之一部，称袁纥，隋朝时改称韦纥、回纥；唐天宝三年（744年），回纥在唐大军的配合下，推翻突厥政权，建立回纥汗国，统治了大漠草原；唐德宗贞元四年（788年），回纥取"回旋轻捷如鹘"之义改称回鹘；唐开成五年（840年），回鹘汗国被其属部黠戛斯所亡。

回鹘汗国灭亡后，部众四散逃离，有的留居原地后融入契丹族之中，有的南迁中原融入汉族之中，大部分踏上西迁之路，在河西、中亚地区分别建立了甘州回鹘、高昌回鹘（亦称西州回鹘、北廷回鹘、和州回鹘、阿萨兰回鹘）、喀喇汗王朝（亦称黑汗王朝）等政权。

辽天赞三年（924年），辽太祖率大军西征，在征服西鄙诸部族的同时，迫使甘州回鹘、高昌回鹘等西域诸政权归附，成为契丹属国。

回鹘与辽廷关系最为密切，向辽廷朝贡时间最早，时间最长，次数最多，是辽廷的第一朝贡大户。

据《辽史》记载，和州回鹘于辽太祖担任契丹可汗当年（907年）

便派使向契丹朝贡，这也是《辽史》所载向辽廷朝贡最早的属国。辽天庆三年（1113年12月），金太祖阿骨打起兵反辽前夜（阿骨打于1114年7月起兵反辽），回鹘还在向辽廷朝贡，这也是《辽史》所记载的辽廷所享受的最后一次朝贡。由此可知回鹘向辽廷正常朝贡时间达207年之久。期间回鹘向辽廷朝贡频繁，甚至是一年3贡、4贡。

回鹘与契丹关系密切，可能主要缘于以下原因：首先契丹曾在回鹘统治下生活近百年，双方有比较近的生活习俗和文化认知，契丹小字便是参照回鹘语言拼音法创制而成。其次回鹘汗国破灭后，一部分回鹘人留居原地融入契丹族之中，因此史学界有"契丹半个回鹘"的说法。契丹开国皇后述律平父族便是回鹘族，从而直接导致辽王朝的建立者阿保机的子孙身上流淌着回鹘人的血脉。再次回鹘人是草原丝绸之路上的主要商贩。辽代时的草原丝绸之路，主要是由辽上京、中京通往中亚、西亚延伸至欧洲，回鹘人则是这条丝路上的主宰者。

据《契丹国志》记载，高昌回鹘"契丹时，三年一次朝贡，进献玉、珠、乳香、斜合黑（里）皮、褐里丝等。亦有互市，其国主亲与北主评价"。据《辽史》及有关史料记载，在辽王朝立世的219年间（907年至1125年），回鹘向契丹朝贡至少64次，平均每3年零5个月1次，期间时有一年2贡、3贡、4贡的现象。

这里所说的"朝贡"，并非是回鹘人单纯地向辽廷进贡，而更多的是经济贸易，即回鹘人通过草原丝绸之路来辽王朝开展商贸活动。辽廷特意在辽上京汉城设置回鹘营以方便回鹘商贩居住。

女真

女真诸部自辽天显二年（926年）相继归附契丹，或以属国、或以属部分别向辽廷朝贡。

据《辽史》记载，女真向辽廷朝贡最早记录是辽天显二年（926年），即辽太祖灭亡渤海国的同时，一些女真（时称鞨鞨）部落首领便到原渤海国首都忽汗城觐见辽太祖，表示降附契丹。两年后（928年）女真部落迁到原渤海国故地，与辽廷接触日趋密切，向辽廷朝贡的部落逐渐增多。女真最后一次向辽廷朝贡是辽寿昌六年（1100年），即辽道宗病逝的前一年，由此可知女真诸部向辽廷正常朝贡时间最少达175年之久。

期间，女真一些部落曾于辽景宗和辽圣宗两朝掀起过反辽斗争，但总体上来讲女真诸部始终与辽廷保持着朝贡关系，最多时一年6贡（辽圣宗统和八年），成为仅次于回鹘的辽廷第二朝贡大户。

契丹文字对女真文字有直接影响。"金人初无文字，国势日强，与邻国交好，乃用契丹文字。太祖（阿骨打）命希尹（金初著名政治人物）撰本国文字，备制度。希尹乃依仿汉人楷字，因契丹字制度，合本国语，制女真字。"金灭辽后，契丹文字在金朝仍使用若干年，并且作为金国史院（修史机构）的通用文字，一直到金明昌二年（1191年），金廷才"诏罢契丹字"。

辽朝佛教、礼仪等对女真诸部亦有影响。如辽开泰元年（1012年），"铁骊那沙乞佛像、儒书，（辽圣宗）诏赐护国仁王佛像一，易、诗、书、春秋、礼记各一部"。

阻卜

阻卜诸部自辽天赞三年（924年）被辽太祖征服，成为辽的属部或属国，每年定期向辽廷进献马、驼、貂皮、青鼠皮等。

据《辽史》记载，阻卜向辽廷朝贡的最早记录是辽神册三年（918年），最后一次向辽廷朝贡的时间是辽天庆二年（1112年），即女真人起兵反辽的前两年，正常朝贡时间达195年之久。

期间，阻卜诸部与辽廷基本上保持着朝贡关系，有时一年3贡、

4贡，最多时一年6贡（辽天显八年），因此阻卜也是继回鹘、女真之后辽廷的第三朝贡大户。

总而言之，辽王朝全盛时期，为东北亚霸主，是东北亚重要的政治、经济、文化、宗教中心。期间，不仅"东朝高丽、西臣夏国、南子石晋而兄弟赵宋，吴越南唐航海输贡"，而且其政治势力向西推进至甘州回鹘、高昌回鹘、吐谷浑、吐蕃、阿萨兰回鹘、波斯（萨曼王朝）等西域、中亚、西亚诸国。"高昌国、龟兹国、于阗国、大食国、小食国、甘州、沙州、凉州以上诸国三年一次遣使，四百余人，至契丹朝献。（贡）玉、珠、犀、乳香、琥珀、玛瑙器、宾铁兵器、斜合黑皮、褐黑丝、门得丝、拍里呵、硇砂、褐里丝等。"不难想象，辽王朝全盛时期，前来朝贡和通商的官方使团、民间商队，踵武相接，络绎于途，一派"万国来朝"景象。

当时中亚地区"无闻中国有北宋，只知契丹即中国"，即把中国称为契丹（Cathay）。时至今日，这个词还偶尔出现在欧洲人的著作里。俄文和拉丁文中，还把"契丹"作为对中国或中国人的通称。

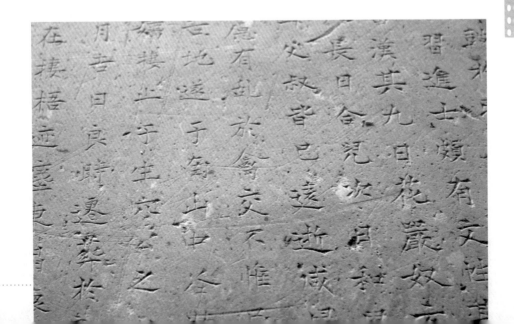

5．辽宋和好诗百篇

在契丹辽王朝一百余年盛世期间，还有一个令世人称道的事情，那就是辽宋和好留下千古诗篇。

辽宋签订"澶渊之盟"，不仅结束了南北数十年的战争，而且还打开了南北交流之门，南北之间除民间的广泛交流之外，双方政府之间还定期派使臣互访，南北使团往来不断。

宋廷对出使辽朝使臣有严格要求，除完成外交任务外，还要将在辽所见所闻写成书面材料，称为"行程录""出使记""见闻录"等呈给皇帝、入库存档，作为宋廷了解和掌握辽朝情况的基本资料。为了很好地完成这些任务，宋廷多选择文字功底较好的能文善诗者为出使辽朝人员，如北宋著名、也是中国历史上著名人物韩琦、欧阳修、王安石、沈括、包拯等都出使过辽朝，他们在完成使辽任务之余，有感于辽朝风土人情，写作了许多脍炙人口的诗篇，现摘录几首与读者共赏。

辽重熙七年（1038年）十月，时任宋右司谏等职的韩琦担任宋贺辽正旦（春节）使出使契丹，写有使辽诗5首，现择其二如下：

过虎北口

东西层巘郁嵯峨，关口才容数骑过。
天意本将南北限，即今天意又如何？

这首诗是韩琦使辽路过虎北口（今古北口）时所作。作者站在只能通过数骑的虎北口关隘上，触景生情，有感而发。全诗的大致意思是：虎北口关隘险峻，只能容数骑通过，这道关隘是老

天特意安排的南北分界线（指燕山南北地理环境和人们的生产生活习俗不同），现在南北是一家（暗指燕云十六州归属契丹所有），天意又当如何？

使回戏成

专对惭非出使才，拭圭申好敛旌回。
礼繁偏苦元正拜，户大犹轻永寿杯。
攲枕顿无归梦扰，据鞍潜觉旅怀开。
明朝便是侵星去，不怕东风拂面来。

韩琦此次使辽的主要任务是祝贺辽兴宗过春节，他在辽帝冬捺钵地广平甸（今赤峰市翁牛特旗境内西拉沐沦河与老哈河交汇处）见到辽兴宗，新年（1039年）正月初一向辽兴宗拜年（使辽的主要任务）并参加了辽廷正月初一新年贺朝仪式，接着参加了与出使工作有关的一些礼仪活动，大致在正月初五、六开始启程回返。这首诗即是韩琦完成使辽任务起程回返的前一天晚间有感而作。

诗的前两句是对自己这次使辽表现的小结：以使臣身份单独与辽方应对，感到自己并不是合格的外交人员，为了双方友好，避免与辽方人员发生争执，好言应对，从而完成了出使任务；三四句写参加辽廷朝贺仪式及有关酒宴等礼仪感受：辽廷新年贺朝仪式太烦琐了，参加人员累得苦不堪言，酒宴上的陪酒人员太多了，轮番劝酒，辽国土地辽阔，喝酒的杯子也同样大（永寿节是辽兴宗生辰节，时间在农历二月二十日，"永寿杯"即永寿节酒宴上所用的大白酒杯，韩琦此行只是贺辽正旦使，没有参加辽兴宗永寿节，此借"永寿杯"比喻辽朝喝酒杯子太大）；五至八句写作

者完成使辽任务即将启程回家的轻松愉快心情。

从这首诗的前两句来看，辽廷接待宋使人员有轻狂、傲慢、凌驾于宋使人员之上的现象，韩琦感到很"窝火"，为了完成出使任务，避免双方发生不愉快，只好忍气吞声，好言应对。

韩琦（1008—1075 年），北宋"三朝宰相"（在宋仁宗、宋英宗、宋神宗三朝为相 10 余年）、著名政治家和军事将领，不仅政绩颇有口碑，而且在宋与西夏战争中战功卓著，与当时同在边关为将的范仲淹并称"韩范"，是"庆历新政"的主要拥护者，曾多次担任接伴辽使人员。他 19 岁（1027 年）考中进士出仕为官，28 岁（1036 年）官至右司谏，在任三年期间（1036—1038 年），以敢于犯颜直谏而崭露头角。那么，这样一个连宋朝皇帝都敢"犯颜"的人，怎么到了辽廷却忍气吞声、好言应对了呢？这可能与宋廷对辽朝政策有关系。

辽宋签订"澶渊之盟"后，宋廷彻底放弃了收复燕云十六州的打算，坚定花钱买平安政策，对出使辽朝人员有非常严格的要求，其中就包括不得惹是生非；宋出使辽朝人员几乎全部为文官，他们虽然心高气傲，但也不想或不敢在辽廷闹出事端来，以免引起两国矛盾或是战争。韩琦出使契丹时只有 30 岁，正值血气方刚，但对于辽方盛气凌人的傲慢态度，也只能忍气吞声，好言以对，以免引出事端来，回去交不了差事。

事实也是如此，在辽宋和好的 100 多年间，就外交方面而言，辽始终处于强势，不论是出使宋廷的使臣，还是接待宋使的接伴人员，时有怠慢、轻视宋朝人员之举，而宋朝方面不论是出使辽朝人员还是接待辽使人员对此以忍让为原则，少有争锋。当然，辽廷专横跋扈者毕竟是极少数，双方和平相处，兄弟友好往来是辽宋关系中的主旋律。

北宋庆历"四谏臣"之一余靖（1000—1064年），曾三次出使辽朝，懂契丹语言文字，甚至能用契丹语作诗。

辽重熙十三年（1044年）九月，余靖第二次使辽在九十九泉（今内蒙古乌兰察布市境内）见到辽兴宗。当时辽兴宗正在九十九泉

调集大军准备亲自征伐西夏（李元昊建立西夏国后，宋与西夏发生了几年战争，辽兴宗见宋败多胜少，便从中插上一腿，向宋索要关南十县地，宋廷又是花钱买平安，向辽许诺，如果辽廷能够说服李元昊停止对宋战争，就每年向辽增加二十万岁币，作为关南十县地的租金，辽兴宗接受宋廷条件，说服李元昊停止了对宋战争，宋廷于是派余靖使辽答谢，但李元昊虽然停止了对宋的战争，

却鼓动辽西南边陲的党项诸部叛辽而去，辽兴宗于是在九十九泉调集大军准备征伐李元昊），由于余靖在上年（1043年）曾出使过辽朝且会契丹语，因此受到辽兴宗的热情招待，在行帐举办了丰盛的招待酒宴。辽兴宗喝到高兴处，让余靖用契丹语作诗助兴，余靖喝得酒酣耳热，诗兴大发，兴奋地举起酒杯，随口吟出一首汉、胡杂语诗：

夜筵设逻臣拜洗，两朝厥荷情斡勒。

微臣雅鲁祝若统，圣寿铁摆俱可忒。

余靖这首诗被《契丹国志》收录，称为"北语诗"，其实是汉、胡杂语诗，每句诗的前两字和第五字为汉字，其他为契丹语。大致意思是：臣被邀请参加皇帝设下的丰盛夜宴十分高兴，两朝和睦为邻感情亲密无间；微臣跪拜扣手献祝福，祝愿陛下寿比高山无穷尽。

听了余靖的诗，辽兴宗兴奋地举起一大杯酒说道，你能用契丹语作诗，我为你喝酒。说完一饮而尽，又亲自为余靖斟满一杯，两人碰杯相视大笑而饮。此时的余靖酒、诗兴大发，忘乎所以，不知不觉间违背了宋廷有关宋使在辽朝不得说契丹语的规定。回到宋廷不久，便有人弹劾他在辽朝用契丹语作诗，从而被贬到地方任职。

辽重熙二十年（1051年），北宋著名宰相、文学家王珪（1019—1085年），担任贺契丹正旦使出使辽朝，写有20余首使辽诗，现择二首如下：

思乡岭

晓入燕山雪满旌，归心常与燕南征。
如何万里沙尘外，更在思乡岭上行。

这首诗是王珪（时任太常博士等职）使辽行至思乡岭（今河北省滦平县境内）时有感而作。思乡岭是契丹获取燕云十六州前南北分界线，过了此岭便进入契丹腹地，因此辽代时亦称此岭为辞乡岭、德胜岭、摘星岭、望云岭等等。诗的大致意思是：一早进入燕山，使节旗帜上挂满了雪，归心与天上的大雁相伴南去，不知道此次使辽会是什么结果，人已经走在思乡岭上。

虎北口

来无方马去无轮，天险分明限一津。
愿得玉龙横十万，榆关重识故封人。

这首诗是王珪完成使辽任务回返路过虎北口时所作。大致意思是：这道关隘往来两马不能并列而行，车辆也难以通过，分明就是一道难逾的天险；我愿带领十万精锐善战的将士，像古代封疆官员一样镇守在这里。

这首诗与韩琦的"过虎北口"诗一样，对契丹占有燕云十六州很不服气。意思是如果石敬瑭不把燕云十六州割给契丹，凭虎北口天险，契丹人又怎能获取这些土地呢？这也是宋朝绝大多数文人的心理，既不服气，又无可奈何。

辽清宁元年（1055年），北宋史学家、经学家、散文家刘敞

（1019—1068 年），担任贺契丹国母（辽兴宗母亲萧耨斤）生辰使使辽，写有使辽诗 60 余首，现择三首如下：

杨无敌庙

西流不返日滔滔，陇上犹歌七尺刀。

恸哭应知贾谊意，世人生死两鸿毛。

　　这首诗是刘敞（时任右正言、知制诰）使辽路过古北口杨无敌（即杨业）庙时有感而作。大致意思是：古北口下日夜西流的滔滔河水，如同古北口关隘上的杨无敌庙，都是在为英雄杨无敌（七尺刀是杨业所用大刀，此借指杨业）唱赞歌；我等愧疚地放声痛哭，普通人生死轻如鸿毛。

　　诗中的贾谊，是西汉初年著名政治家、文学家，18 岁便以才出名，21 岁任汉廷博士，23 岁任梁怀王（汉文帝小儿子刘揖）太傅，数年后梁怀王堕马而死，贾谊认为自己身为梁怀王博士对其死负有责任，深感愧疚，不久便忧郁而死，时年只有 33 岁。作者以贾谊之故事，来喻今人对杨业的死都应该感到愧疚。

逢永叔

绝域逢君喜暂留，举杯相属问刀头。
久持汉节旄空尽，独拜穹庐死可羞。
醉里岁华惊易老，愁边沟水怆分流。
玉关生入知无恨，不愿张骞博望侯。

　　刘敞完成使辽任务从辽上京回返途中与前来辽上京的欧阳修（字永叔）相遇，两人把酒相谈，刘敞曾作诗三首，此诗是其中之一。大致意思是：在辽境与君（欧阳修）相逢，高兴地停止行程相聚，两人喝酒叙谈，寻问对方什么时候回到家乡；即便是像汉朝苏武那样符节不离手，出使辽朝死在这里也感到羞辱；喝醉了酒时光会过得快一些，只是马上就又分手南北而行；只要能活着回乡就

没什么遗恨，不敢与汉朝的张骞出使西域相比（指使辽没有什么功劳可谈）。

阴山女歌

种玉不满畦，种花易满枝。

玉生寄石自有处，花飞随风那得知？

婵娟翠发阴山女，能为汉装说汉语。

春心未知向谁是，夜弹琵琶泪如雨。

赤车使者过凤凰，暗中一闻先断肠。

碧窗锁烟未容去，侍儿密献江南珰。

鹊飞上天星沈海，人心不同事随改。

剪环洗装许君老，百年如梦情终在。

妾乘油壁郎乘骢，西陵松柏墨色浓。

新欢未已旧愁起，水流曲曲山重重。

周周衔羽鹣比翼，天生相亲人岂识。

虽不及清路尘，犹当作山上石。

这首诗是刘敞听了辽接伴副使马祐讲述的一个契丹女子婚姻经历有感而作。此诗亦是宋人使辽诗中唯一一首反映契丹女人婚姻的作品。大致意思是：想生儿子，儿子不多，女儿却不少；儿子大了可以在一个地方成家立业，女儿大了出嫁就像随风飘动的花一样难以预测；女子长得很美，爱穿汉人服装，会说汉话，年龄大了不知嫁给什么样的男人，常常夜里弹着琵琶泪流满面；有一个官吏想续娶女子为妾，女子知道后悲伤到了极点；父母未等答应这门婚事，官吏便派仆人送来了贵重的聘礼，父母只好应下

了这门婚事；丈夫婚后死了，女子想改嫁给一个可以托付终身的男人，坐着油壁车跟在新丈夫的马后，改嫁到庆陵（辽圣宗陵墓）一带，这里松柏墨绿茂密景色很美；新婚的热乎劲还没有过去，女子便发现新婚丈夫并不如意，但这里距离娘家远隔山山水水，心里的苦水无处诉说；表面上来看，女子与丈夫如同比翼鸟，其实别人并不清楚内幕；女子命运虽然不像路面上的尘土那样悲惨，但也如同山上的石头那样无人关心，无人过问。

这首诗反映了一个契丹女子不幸的婚姻，应该说从某个侧面反映了辽代社会民间女子的婚姻现实：媒妁之言，父母之命，一夫多妻，夫死再嫁，听天由命。

辽清宁元年（1055 年），北宋大文豪欧阳修（1077 年—1072 年），出使契丹祝贺辽道宗即位曾到过辽上京。由于欧阳修当时在北宋和辽都有很大的名声，因此受到辽廷隆重接待。辽道宗摆设盛大酒宴，辽廷北府宰相萧阿剌（辽道宗亲舅舅）、惕隐大王耶律宗熙（辽景宗之孙、辽圣宗之侄、辽兴宗从弟、辽道宗堂叔）、陈留郡王耶律宗愿（辽圣宗之子、辽兴宗之弟、辽道宗叔父）、尚父中书令晋王萧孝友（辽兴宗亲舅舅、辽道宗舅姥爷）等四大皇亲国戚重臣陪宴，对于如此高标准的接待，就连辽廷陪伴人员都忍不住对欧阳修私下说，这样的接待标准打破了辽廷外交史上的常规。

欧阳修使辽期间，游历了辽境内许多山川大河，接触了许多契丹风土人情，回去后撰写了《北使语录》及数首使辽诗，现择其二首使辽诗如下：

奉使契丹回出上京马上作

紫貂裘暖朔风惊，潢水冰光射日明。
笑语同来向公子，马头今日向南行。

　　这首诗是欧阳修完成使辽任务回返出
辽上京城所作。大致意思是：暖和的紫貂
裘皮大衣寒风吹不透，封冻的河面反射着
刺眼的光芒；笑着对同行的向公子（宋使
辽副使向传范）说，今天终于启程回家了。

奉使道中五言长韵

初旭瑞霞烘，都门祖帐供。
亲持使者节，晓出大明宫。
城阙青烟起，楼台白雾中。
绣鞯骄跃跃，貂袖紫蒙蒙。
朔野惊飙惨，边城画角雄。
过桥分一水，回首羡南鸿。
地理山川隔，天文日月同。
儿童能走马，妇女亦腰弓。
度险行愁失，盘高路欲穷。
山深闻唤鹿，林黑自生风。
松磴寒逾响，冰溪咽复通。
望平愁驿迥，野旷觉天穹。
骏足来山北，轻禽出海东。

合围飞走尽，移帐水泉空。

讲信邻方睦，尊贤礼亦隆。

斫冰烧酒赤，冻脍缕双红。

白草经春在，黄沙尽日蒙。

新年风渐变，归路雪初融。

祗事须疆力，嗟予乃病翁。

深惭汉苏武，归国不论功。

　　这首诗是欧阳修完成使辽任务回返途中所作，回忆了使辽经历及在辽朝所见所闻。大致意思是：初升的太阳如火一样红，皇上（宋仁宗）在汴京城门口设宴为我饯行；我手持使臣符节，一早便离开汴京城；汴京城上炊烟袅袅，楼阁亭台笼罩在白雾里；马匹披上绣有花纹的马鞍显得精神抖擞，我穿着紫貂皮大衣也显得很英武；北方的天气想来很寒冷，边城的送行号角更雄壮；过了白沟桥就是辽境了，多么羡慕那南飞的鸿雁啊！南北虽然山川地理不同，却拥有同样的日月天空（以上 14 句诗是回忆离开宋都汴京至宋辽边境白沟河的情景）。契丹儿童能够策马奔驰，妇女亦腰佩弯弓；走到狭窄的路口处担心迷失方向，踏上险峻的盘山道怕无路可走；深山中传来呼鹿的声音，树林里刮着微微的寒风；沟壑里的松涛在寒风中更加响重，冰冻的小溪依然传来淙淙的流水声；望眼平川担心驿站遥远，站在原野上感觉天空似窟窿；健壮的骏马来自北方的原野，敏捷的海东青出自东边的大海；围栏猎尽飞禽走兽，破冰捕完河里的鱼虾，再迁徙到新的地点继续捕猎；讲究信誉南北才能和睦相处，尊重贤才接待礼仪非常隆重；破冰捕鱼的同时把酒烧热，切开的冻肉露出鲜红的肉丝；枯白的小草到了春天照样生长，漫漫黄沙遮蔽了整个天空；新年将至天气逐

渐变暖，归途中的积雪开始融化；作为南北通好的使者一定要身体力行，可惜我是一个身体有病的人啊！想到汉朝的苏武深感惭愧，回去后切不可请赏争功。

北宋杰出政治家、思想家、改革家、文学家、宋神宗朝变法领袖级人物王安石（1021—1086 年），曾担任宋送辽使返程送伴使，并于辽清宁九年（1063 年）担任送宋仁宗遗物使使辽至辽南京，作有使辽诗 20 余首，现择二首如下：

出塞

涿州沙上饮盘桓，看舞春风小契丹。
塞语巧催燕泪落，蒙蒙吹湿汉衣冠。

这首诗是王安石（时担任宋三司度支判官、直集贤院、知制诰等职）使辽途经辽涿州时所作。大致意思是：在涿州沙漠上逗留一边饮酒，一边欣赏契丹人跳舞；用契丹语演唱的歌声让酒宴上的人都落下眼泪，如同蒙蒙细雨吹湿了宋使的衣冠。

北客置酒

紫衣操鼎置客前，巾鞲稻饭随粱膻。
引刀取肉割啖客，银盘臂臑羹与鲜。
殷勤劝侑邀一饱，卷牲归舍觞更传。
山蔬野果杂饴蜜，獾脯豕骨加枭煎。
酒酣众吏稍欲起，小胡捽耳争留连。
为胡止饮且少安，一杯相属非偶然。

　　这首诗是王安石在使辽期间参加辽方招待酒宴有感而作。大致意思是：辽方身着紫衣的官员（古代显贵官员才穿紫衣）把盛着肉的鼎锅放在客人面前，其身上的套袖围裙及饭与鼎锅里肉的气味一样腥膻；他用刀子把肉切成小块递给客人，银盘里很快便装满了刚煮好的鲜肘肉和腌肉；主人殷勤地招呼大家先吃点饭，等他把牲畜圈进圈舍再陪大家喝酒；在大家喝酒过程中，又上来山野菜、野果、果脯和蜜饯，当场把獾猪之类的野味烧烤炮煎；酒喝好了大家刚要起身离去，陪酒人员揪住使臣的耳朵不让动弹；为了主人的盛情只好暂且坐下，相互劝酒再喝一杯也在情理之中。

　　北宋天文学家苏颂（1020—1101年），曾于辽咸雍四年（1068年）和辽大康三年（1077年）两次使辽，著有使辽诗58首，现择三首如下：

牛山道中

农夫耕凿遍奚疆，部落连山复枕岗。

种粟一收饶地力，开门东向杂夷方。

田畴高下如棋布，牛马纵横似谷量。

赋役百端闲日少，可怜生事甚茫茫。

　　这首诗是苏颂担任宋贺辽道宗生辰使使辽，即其第二次使辽（1077 年 10 月）行至牛山道驿馆（今承德市境内）附近，有感于汉人在这里耕种土地，赋役繁重，生活艰难而作。大致意思是：农民开垦的耕地遍布奚地，一座座村庄连着一处处山冈；每年播种一季作物地力很肥沃，房屋门受契丹人影响多为东向开；田地有高有低平整如棋盘，牛马遍野多得数不过来；赋役繁重清闲不了几天，可怜终日忙碌生计却看不到什么希望。

中京纪事

边关本是苦寒地，况复严冬入虏乡。

一带土河犹未冻，数朝晴日但凝霜。

上心固已推恩信，天意从兹变燠旸。

最是使人知幸处，轻裘不觉在殊方。

　　这首诗是苏颂第二次使辽到达辽中京有感而作。大致意思是：辽境本来就是寒冷艰苦的地方，况且又是在严冬进入辽境；土河（今老哈河）尚没有封冻，天气连续多日清朗，地上只有薄薄的白霜；圣上（宋朝皇帝）坚持以恩德和信誉对待辽朝，天气也由此变得

暖和清朗；最使人感到幸运的是，穿着轻暖裘皮大衣并不感觉寒冷。

"最是使人知幸处，轻裘不觉在殊方"，反映了苏颂第二次使辽对契丹人的生活环境已经很适应了，穿着貂裘大衣感觉很舒服。

观北人射猎

茫茫寒郊昼起尘，翩翩戎骑小围分。
引弓上下人鸣镝，罗草纵横兽轶群。
画马今无胡待诏，射雕犹惧李将军。
山川自是从禽地，一眼平芜接暮云。

这首诗是苏颂到达使辽终点广平甸（今赤峰市翁牛特旗境内）附近，亲眼目睹契丹人围猎场景有感而作。大致意思是：空旷寒冷的郊野白天扬起沙尘，那是契丹人正在小围射猎（契丹百人左右一起射猎为小围，千人左右一起射猎为大围）；一支支箭镞发出凄厉的鸣响，野兽们在纷乱的草丛中四处逃逸；真想把契丹人骑马奔驰的姿态画下来，只是现在没有胡瑰（辽建国初期契丹族著名画家）那样擅长画马的人了，契丹人骑马射箭的英姿就是汉朝的飞将军李广恐怕也会害怕；高山大川是飞禽天然的栖息场所，一眼望去原野仿佛连着傍晚的流云。

苏颂是北宋时期著名科学家，在天文、药物、外交、文学等方面均有卓越成就。天文学方面，成功复制"水运仪象台"，著有天文学巨著《新仪象法要》；药物学方面，著有《本草图经》；外交方面著有《华戎鲁卫信录》，记录了宋辽80余年的外交秘史；文学方面，著有《苏魏公文集》《魏公题跋》《苏侍郎集》《魏

公谈训》等等。

辽大安五年（1089年），时任宋翰林学士权吏部尚书苏辙，担任宋贺辽道宗生辰使使辽，有感契丹风土人情，写有28首使辽诗，现择二首如下：

木叶山

奚田可耕凿，辽土直沙漠。

蓬棘不复生，条干何由作。

兹山亦沙阜，短短见丛薄。

冰霜叶堕尽，鸟兽纷无托。

乾坤信广大，一气均美恶。

胡为独穷陋，意似鄙夷落。

民生亦复尔，垢污不知怍。

君看齐鲁间，桑柘皆沃若。

麦秋载万箱，蚕老簇千箔。

余梁及狗彘，衣被遍城郭。

天工本何心，地力不能博。

遂令尧舜仁，独不施礼乐。

这首诗是苏辙到达使辽终点广平甸休整期间，游木叶山时有感而作。大致意思是：辽中京奚族人的土地可以耕田，辽上京契丹人故地处处是沙漠；蓬蒿荆棘生长都很困难，更不用说栽种树木了；木叶山也如一座沙丘，上面稀稀疏疏地生长着枯草和短小的灌木；冬天树叶落尽，鸟兽们都无处藏身；相信天地广大，造物之初肥美和恶劣的土地是平均的；为什么只有契丹人这个地方荒僻贫瘠，

好像是有意鄙视契丹人；老百姓的生活也是这样，满身污垢而不觉羞愧；你看中原大地，田野辽阔肥沃；秋收季节粮食堆满仓，蚕茧聚满席箔（养蚕器具）；百姓吃不了的粮食用以饲养猪狗，用不着的衣被晾晒遍布街巷；试问天公原本出于何种心意，不让这么肥美的土地惠及芸芸众生；甚至就连尧舜这样的仁君，也不施礼乐法度于契丹人这里。

　　木叶山是契丹人的祖山、圣山，辽廷有严格而隆重的祭祀木叶山礼仪。根据《辽史》记载，木叶山位于潢河（今西拉沐沦河）与土河（今老哈河）交汇处，苏辙的《木叶山》诗也证明了这一点，但从现实地理地貌来看，两河交汇处方圆百里之内并没有大山，因此有辽史研究者根据苏辙的这首诗，认为辽代木叶山是一座沙丘，经过千年的地理变迁今已不复存在。

　　笔者认为，辽代木叶山是真实存在的，应是距离两河交汇处较近的一座山，这座山并不是很大，当时山体上覆盖着沙砾，如同一座大沙丘，亦即诗人苏辙眼里的"兹山亦沙阜"，从现在的地理地貌来看，今赤峰市翁牛特旗境内的海金山应为辽代木叶山。

虏帐

虏帐冬住沙陀中，索羊织苇称行宫。

从官星散依冢阜，毡房窟室欺霜风。

舂粱煮雪安得饱，击兔射鹿夸强雄。

朝廷经略穷海宇，岁遗缯絮消顽凶。

我来致命适寒苦，积雪向日坚不融。

联翩岁旦有来使，屈指已复过奚封。

礼成即日卷庐帐，钓鱼射鹅沧海东。

秋山即罢复来此，往返岁岁如旋蓬。

弯弓射猎本天性，拱手朝会愁心胸。

甘心五饵坠吾术，势类畜鸟游樊笼。

祥符圣人会天意，至今燕赵常耕农。

尔曹饮食自谓得，岂识图霸先和戎。

这首诗是苏辙在辽帝冬捺钵地广平甸参加辽道宗生辰宴会及有感于辽道宗行宫生活情景而作。大致意思是：辽帝毡帐冬天扎在沙漠中，用羊毛绳和苇席围起来称行宫；随从官员毡帐依山冈散布于辽帝行帐四周，契丹人就是凭借这些毡帐来抵御寒冬风雪；用雪水和舂米煮饭怎能吃饱，竟以能够猎食野味来显耀强悍威猛；朝廷（宋朝）经营方略通达海内，每年馈赠些许银绢便搞定北方的顽凶；我这次奉命出使赶上天气酷寒，坚硬的积雪在阳光照耀下不见融化；每年正旦都有使节往来，屈指算来已经路过辽中京几次；辽帝在举行完生辰祝贺仪式当日便起程，赶往东边的春捺钵地去钓鱼捕天鹅；秋季射猎完毕又迁回到这里，如同滚动的蓬草年年如此；弯弓射猎是契丹人的天性，接人待物礼仪方面则差了许多；心甘情愿地接受贡物中我们的圈套，就如同飞禽走兽自动走进牢笼；真宗皇帝（宋真宗）懂得天意与辽朝盟约（澶渊之盟），直到现在燕赵地区百姓生产生活如常；契丹人以为接受贡物是得到了实惠，哪里懂得要想图谋霸业就要先与戎狄和好的道理。

从这首诗不难看出，苏辙亲眼目睹了辽道宗现实生活后，心里有些瞧不起契丹族。为宋朝花区区几十万银绢，就把契丹这个"顽凶"买住（指不再出兵南下）而暗自高兴，认为宋真宗当年与辽廷签订"澶渊之盟"是高明之举。其实，这也是当时宋廷绝大多数文臣的心理，即自我安慰，自我解嘲罢了。

北宋时期著名科学家沈括（1031—1095 年），曾于辽道宗朝出使契丹协调解决宋辽双方土地纠纷事宜。辽道宗咸雍十年（1074 年），北宋经过几年努力，终于在与西夏战争中占据上风，对西夏形成包围之势。辽道宗见再不出手干预，西夏就有被北宋灭亡的危险，于是拾起父皇辽兴宗的衣钵，派林牙萧禧出使汴京，要求与北宋重新划定河东地界，以此干预北宋对西夏用兵。当时宋神宗在与西夏战争的同时，还要用心思化解因王安石变法而引发的各种矛盾，心里虽然清楚辽朝要求划界的用意，却也不敢或不愿意再与辽为敌，于是采取"妥协"之策，派使到辽廷调解，想答应辽方的划界要求。但辽道宗的本意是干预宋对西夏用兵，于是就又提出了一些额外要求。宋使见辽方态度强硬且又提出了一些额外要求，便据理力争，寸土不让，双方经过一年往来多次谈判也没有结果。宋神宗本不想与辽为敌，于是撤换了与辽谈判态度强硬的使臣，改派沈括出使辽廷解决双方划界事宜。

关于沈括出使辽廷谈判划界一事《辽史》不载，《契丹国志》虽然有载却极为简单，我们只能从沈括使辽返回北宋后所著《使契丹图》（亦称《使虏图抄》）及《续资治通鉴》的记载中了解到有关情况。根据上述两资料记载，沈括使辽时的官职是知制诰，辽大康元年（1075 年）三月从汴京出发至六月返回北宋，在辽行程大约三个月的时间。大致情况是：沈括三月接到宋神宗命他为使辽副使诏书后，到枢密院查阅了宋辽近几年来划界的有关记录、图纸和文书，四月渡白沟河（今河北省拒马河，时为辽宋界河）进入辽境，经辽南京（今北京市）北行过古北口（今北京市密云县古北口）至辽中京（今赤峰市宁城大明镇），继续北行渡潢水（今西拉沐沦河）至辽庆州（今巴林右旗境内），接着东北行，于五月到达犊儿山（今巴林左旗乌兰达坝山脉）单于庭见到辽道宗，

六月返回北宋。期间，沈括与辽廷进行了6次正式谈判。由于沈括手中有双方近几年来划界的文书和疆界书，证据确凿，掌握着谈判的主动权，因此最终说服辽廷放弃了额外要求，为最终划定双方地界奠定了基础。

沈括这次使辽虽然没有留下使辽诗，但其所著《梦溪笔谈》中却记录了北宋人刁约使辽时所写的一首北语诗：

押燕移离毕，看房贺跋支。

饯行三匹裂，密赐十貔狸。

刁约（？—1082年），与欧阳修、王安石、司马光、苏轼等同朝为官，颇有名声，辽清宁二年（1056年）担任宋贺契丹国母（辽兴宗母亲萧耨斤）正旦使使辽，有感于辽方接人待物礼仪而作此诗。《契丹国志》录有此诗，名为北语诗，实为契丹、汉杂语诗，每句的前两字和三、四句的第三字为汉字。大致意思是：辽方由夷离毕（辽廷官名）招待陪酒，执衣侍从照顾生活起居；送行时敬献三杯上马酒，还友好地赏赐十只香貔狸（类如宴鼠，肉可食，契丹人视为珍贵膳食）。

沈括完成使辽任务回到汴京后，著有《使契丹图》（亦称《使虏图抄》），记录了辽朝的山川险阻及风俗人情，成为北宋君臣及后世了解和研究契丹历史及风土人情的宝贵资料。

据有关学者统计，目前发现的宋人使辽诗不下三四百首之多，这些诗篇不仅是宋辽和好、南北交流的产物，而且还促进了契丹社会诗词文化的兴起和发展。

契丹建国初期，中原的汉文化便已深入到契丹社会，受到契丹上层人物的推崇，从皇帝到大臣都能熟练地运用汉、契丹两种语言和文字，这其中尤以开国太子耶律倍为这方面的代表。

耶律倍琴棋书画样样通，而且还懂中原的医学、五行之术，尤其擅长作诗属文，著有《乐田园诗》《海上诗》等，可惜的是我们今天只能读到他的一首诗：

小山压大山，大山全无力。

羞见故乡人，从此投外国。

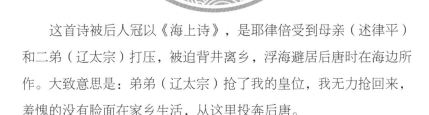

　　这首诗被后人冠以《海上诗》，是耶律倍受到母亲（述律平）和二弟（辽太宗）打压，被迫背井离乡，浮海避居后唐时在海边所作。大致意思是：弟弟（辽太宗）抢了我的皇位，我无力抢回来，羞愧的没有脸面在家乡生活，从这里投奔后唐。

　　这首小诗似乎更像一首顺口溜，语言直白，只是稍有诗意，并没有太高的欣赏性，但这恰恰是汉文化传入契丹社会初期的一种表现。

　　随着汉文化被契丹人所接受，辽廷从皇族到贵族，大多都能说一口流利的汉话，写一手好汉字，并且能够用汉、契丹两种文字写文章、吟诗作词。特别是辽宋签订"澶渊之盟"后，辽代社会掀起了一股"学唐比宋"热潮，尤其在文学方面，涌现出了众多的诗词坛高手。

　　辽圣宗自小深受汉文化濡染，"幼喜书翰，十岁能诗"，尤其喜欢读唐代白居易的诗，其《题乐天诗侠句》中有"乐天诗集是吾师"之句，曾用契丹大字译白居易的《讽谏集》，让大臣们诵读。不仅如此，辽圣宗还把词赋作为科举考试的重要内容，"止以词赋、法律取士，词赋为正科，法律为杂科"，以政府导向促进了辽代社会诗词文化的发展。辽圣宗本人还是一个高产作家，据说他一生作诗 500 余首，可惜的是我们今天只能见到他的一首《传国玺诗》。

　　　　一时制美玉，千载助兴王。
　　　　中原既失鹿，此宝归北方。
　　　　子孙宜慎守，世业当永昌。

　　这首诗约作于辽太平元年（1021 年），时值高丽在辽廷的多年征伐下称臣纳贡，西北部的阻卜、乌古诸部也都归顺臣服，宋朝

连年向辽廷纳贡，辽王朝内外太平，成为东北亚地区老大。辽圣宗心情不错，将年号改为太平，派人将当年后晋末帝石重贵献上的玉玺（此玉玺并非秦玺，而是石敬瑭所刻"玉玺"）从中京运到上京欣赏起来，他越看玉玺越得意，不禁诗兴大发，以《传国玺》为题吟诗一首。

此诗虽然仅有六句，但意思明了：炎黄子孙，谁持有这枚玉玺，谁就是正统的天子；如今这枚玉玺归了北朝，我大辽皇帝就是正统天子；子孙们可要谨慎地看守好这块美玉啊！以保我大辽万世永昌。

中原人常常将北方草原民族视为狄、胡，无非是想说明自己是正统，即中原人才是炎黄子孙，其实这是一种老大的思想在作怪，中原的农耕民族与草原的游牧民族都是炎黄子孙，华夏一族是兄弟，这是不争的事实。

契丹建国后，契丹人在撰写自己民族历史时，明明白白地说自己是炎帝后裔，是炎黄子孙；辽宋结盟后，辽廷称自己为北朝，称宋为南朝。

辽圣宗当然不愿意被中原人视为狄、胡，因此看着标志着帝王身份的美玉时，怎能不高兴，又怎能不得意呢？

辽兴宗深受父皇辽圣宗影响，也喜欢吟诗作赋，经常与大臣们唱和；辽兴宗笃信佛教，喜欢与僧道尼等交朋友，当时有一僧人郎思孝，法号海山，与辽兴宗关系很密切，两人经常在一起喝酒吟诗。有一次，辽兴宗又向郎思孝索诗，郎思孝不肯赋，于是辽兴宗以诗挑之：

> 为避绮吟不肯吟，既吟何必昧真心。
> 吾师如此过形外，弟子争能识浅深。

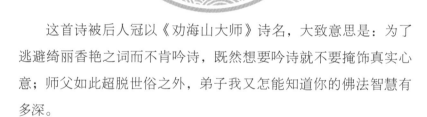

　　这首诗被后人冠以《劝海山大师》诗名，大致意思是：为了逃避绮丽香艳之词而不肯吟诗，既然想要吟诗就不要掩饰真实心意；师父如此超脱世俗之外，弟子我又怎能知道你的佛法智慧有多深。

　　从诗的内容来看，辽兴宗称郎思孝为师父，自己为弟子，反映了辽兴宗是一名虔诚的佛教徒；从诗的形式来看，这是一首七言绝句，对仗工整，灵动流畅，显示出辽兴宗的诗词功底。

　　郎思孝在辽兴宗的挑逗下，也不再矜持，唱和二首。

一

为愧荒疏不肯吟，不吟恐忤帝王心。

本吟出世不吟意，以此来批见过深。

二

天子天才已善吟，那堪二相更同心。

直饶万国犹难敌，一智宁当三智深。

第一首诗解释不肯吟诗的原因：长时间没有吟诗有些生疏，
感到羞惭不敢在陛下面前吟咏，不吟又怕触犯陛下的心意；我的
诗只写出家人事，不言心志，以诗词来评论佛法高低显得不合适。

第二首诗是应辽兴宗之意赋诗：陛下天生已经善于吟诗，何
况两位宰相（指辽兴宗朝宰相杜防、刘六符）与陛下一样善吟；
即使天下的诗人合起来也难比陛下，他们只懂得一智岂可与陛下
懂得三智相比（一智、三智，是佛教用语，三智即一切智、道种智、
一切种智，一智指三智之一的一切种智）。

郎思孝是辽兴宗、辽道宗朝著名诗人僧人，与辽兴宗和辽道
宗不仅关系密切而且是诗友，辽兴宗曾赐其崇禄大夫守司空辅国
大师号，著有《海山集》，可惜的是已佚，除上述两首诗外，还
有一首《天安节题松鹤图》流于世。

千载鹤栖万岁松，霜翎一点碧枝中。

四时有变此无变，愿与我皇圣寿同。

天安节是辽道宗的生辰节，这首诗显然是郎思孝参加辽道宗
生日宴会时所作，此《松鹤图》是否是他本人所画不得而知，不

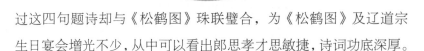

过这四句题诗却与《松鹤图》珠联璧合，为《松鹤图》及辽道宗生日宴会增光不少，从中可以看出郎思孝才思敏捷，诗词功底深厚。

辽朝诗词在辽道宗朝达到一个高峰，代表人物便是辽道宗及其皇后萧观音。

萧观音是辽代最著名的女诗人，亦是辽代诗词的代表人物，关于她的诗词请详见后文"诗人皇后萧观音节"。

辽道宗在辽王朝九帝中诗词造诣最高，亦为辽王朝诗词的代表人物，一生作诗无数，还出版了诗集《清宁集》（清宁是辽道宗朝第一个年号），可惜的是我们现在只能见到他的两首诗。

题李俨黄菊赋

昨日得卿黄菊赋，碎剪金英添作句。

袖中犹觉有余香，冷落西风吹不去。

李俨，本是汉人，辽帝赐姓名耶律俨，是辽朝著名文学家，官至宰相，曾编著《辽皇朝实录》七十卷。他与辽道宗是诗友，两人经常在一起唱和诗赋。在九九重阳节这天，李俨作了一首《黄菊赋》呈献给辽道宗，辽道宗第二天赋上诗回赠。诗中的一个"剪"字，及"余香""风吹"用得最妙，读之使人顿感菊花在手，菊香扑鼻，就是置于唐、宋诗词中亦是上乘之作。

戒勖释流偈

欲学禅宗先趣圆，亦非著有离空边。

如今毁相废修行，不久三涂在目前。

辽道宗还有一首《赐法均大师》的诗，现存两句是："行高峰顶松千尺，戒净天心月一轮。"堪称诗中佳句。

辽廷皇帝喜欢诗词，皇后自然也不甘落后。除辽道宗皇后萧观音外，辽天祚帝文妃萧瑟瑟亦是诗词高手，为辽诗词中的代表人物。现择其二首如下：

讽谏歌

勿嗟塞上兮暗红尘，

勿伤多难兮畏夷人；

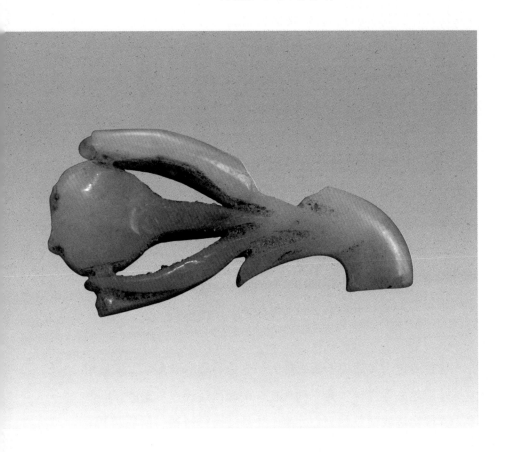

不如塞奸邪之路兮，选取贤臣。

直须卧薪尝胆兮，激壮士之捐身；

可以朝清漠北兮，夕枕燕云。

　　这首诗见于《辽史·后妃传》，女真人阿骨打起兵反辽（1114年）后，多次打败辽兵进剿，攻陷辽城，辽天祚帝无奈之下亲自率军东征，结果在鸭子河被阿骨打打败（1115年）。消息传开，辽廷从朝廷到民间人心惶惶，燕云地区更是发生了大规模的农民起义，在这样的混乱形势下，天祚帝仍然亲近听信奸佞之人，疏远排斥忠臣，不思如何抗金救国救民，而是整天打猎如常。萧瑟瑟见丈夫天祚帝如此荒淫无度，在劝谏无果的情况下，作此歌加以讽谏。大致意思是，不要叹息在边境上被女真人打败（指辽天祚帝东征失败），不要伤心国家多难惧怕女真人，不如远离奸人选用贤臣，用卧薪尝胆精神激励将士为国捐躯，这样就可以很快扫清漠北敌人，燕云地区也随之安定下来。

咏史诗

丞相来朝兮剑佩鸣，千官侧目兮寂无声。

养成外患兮嗟何及，祸尽忠臣兮罚不明。

亲戚并居兮藩屏位，私门潜畜兮爪牙兵。

可怜往代兮秦天子，犹向宫中兮望太平。

　　这首诗见于《辽史·后妃传》，这是萧瑟瑟借秦朝二世皇帝宠信奸臣赵高弄权导致秦王朝灭亡，来讽谏辽天祚帝宠信奸臣萧奉先弄权会造成辽王朝灭亡。萧奉先是辽天祚帝朝、也是辽王朝最后一位北院枢密使，恃宠弄权，迫害忠臣，鼓动天祚帝杀死萧瑟瑟及其子，对辽王朝灭亡有不可推卸的责任，史籍有"萧奉先误国"之说。

由于辽朝皇帝带头崇佛敬道，与宗教界人士交朋友，因此辽代僧人诗词占有相当的数量，其中有一个叫寺公大师的僧人，为世人留下一首《醉义歌》。

晓来雨霁日苍凉，枕帏摇曳西风香。

困眠未足正展转，儿童来报今重阳。

吟儿苍苍浑塞色，客怀衮衮皆吾乡。

敛衾默坐思往事，天涯三载空悲伤。

正是幽人叹幽独，东邻携酒来茅屋。

怜予病窜伶仃愁，自言新酿秋泉曲。

凌晨未盥三两卮，旋酌连斟折栏菊。

我本清羸酒户低，羁怀开拓何其速。

愁肠解结千万重，高谈几笑吟秋风。

遥望无何风色好，飘飘渐远尘寰中。

渊明笑问斥逐事，谪仙遥指华胥宫。

华胥咫尺尚未及，人间万事纷纷空。

一器才空开一器，宿醒未解人先醉。

携樽挈木近花前，折花顾影聊相戏。

生平岂无同道徒，海角天涯我遐弃。

我爱南村农丈人，山溪幽隐潜修真。

老病犹耽黑甜味，古风清远途犹迤。

喧嚣避遁岩路僻，幽闲放旷云泉滨。

旋舂新黍爨香饭，一樽浊酒呼予频。

欣然命驾匆匆去，漠漠霜天行古路。

穿村迤逦入中门，老幼仓忙不宁处。

丈人迎立尾杯寒，老母自供山果醋。

扶携齐唱雅声清，酬酢温语如甘澍。

谓予绿鬓犹可需，谢渠黄发勤相谕。

随分穷秋摇酒卮，席边篱畔花无数。

巨觥深斝新词催，闲诗古语玄关开。

开怀属酒谢予意，村家不弃来相陪。

适遇今年东鄙阜，黍稷馨香栖畎亩。

相邀斗酒不浃旬，爱君萧散真良友。

我酬一语白丈人，解译羁愁感黄耇。

请君举盏无言他，与君却唱醉义歌。

风云不与世荣别，石火又异人生何。

荣利傥来岂苟得，穷通夙定徒奔波。

梁冀跋扈德何在，仲尼销迹名终多。

古来此事元如是，毕竟思量何怪此。

争如终日且开樽，驾酒乘杯醉乡里。

醉中佳趣欲告君，至乐无形难说似。

泰山载斫为深杯，长河酿酒斟酌之。

迷人愁客世无数，呼来稻耳充罚卮。

一杯愁思初销铄，两盏迷魂成勿药。

尔后连浇三五卮，千愁万恨风蓬落。

胸中渐得春气和，腮边不觉衰颜却。

四时为驱驰太虚，二曜为轮辗空廓。

须臾纵辔入无何，自然汝我融真乐。

陶陶一任玉山颓，藉地为茵天作幕。

丈人我语真非真，真兮此外何足云。

丈人我语君听否，听则利名何足有。

问君何事从劬劳，此何为卑彼岂高。

蜃楼日出寻变灭，云峰风起难坚牢。

芥纳须弥亦闲事，谁知大海吞鸿毛。

梦里蝴蝶勿云假，庄周觉亦非真者。

以指喻指指成虚，马喻马兮马非马。

　天地犹一马，万物一指同。

胡为一指分彼此，胡为一马奔西东。

人之富贵我富贵，我之贫穷非予穷。

三界唯心更无物，世中物我成融通。

君不见千年之松化仙客，节妇登山身变石。

木魂石质既我同，有情于我何瑕隙。

自料吾身非我身，电光兴废重相隔。

农丈人千头万绪几时休，举觞酹酊忘形迹。

　　据说这首长达 121 句，近 1000 字的诗歌，最初是用契丹文字写成的，后由契丹族著名文学家耶律楚材（元朝初期契丹族著名文学家）翻译成了汉文。全诗以重阳饮酒为抒情契机，抒发了诗人对人生短暂无常的感慨，以及寄意醉乡、超凡脱俗的高洁志趣，具有一定的哲理意义，可与唐朝大诗人白居易的诗词相媲美，是目前发现的辽诗中最长、成就最高的诗作。

　　由于辽朝皇帝喜欢诗词歌赋，大臣们自然也不甘落后，由此辽廷涌现出大批能诗善词的才子文臣，其中不乏诗词大家。他们或与皇帝吟诗唱和，或与宋使把酒对吟，或聚会歌曲，创作了大量的诗篇，有的还结为诗集行于世上，遗憾的是我们今天难以见

到这些诗篇了，现根据《辽史》记载简介几人如下。

耶律隆先，开国太子耶律倍之子，辽世宗同父异母兄弟，仕辽景宗朝，封平王，官至东京留守，博学能诗，著有《阆苑集》。

耶律国留，仲父房皇族人，仕辽圣宗朝，因杀人入狱，在狱中著《兔赋》《寤寐歌》。

耶律资忠，耶律国留胞弟，仕辽圣宗朝，官至上京副留守、林牙，经常与辽圣宗在一起赋诗，著有《西亭集》。

萧孝穆，拔里氏国舅帐人，辽圣宗朝任北府宰相、辽兴宗朝任北院枢密使，著有《宝老集》。

萧柳，拔里氏国舅帐人，辽圣宗朝官至北女真祥稳，一生写诗千余篇，著有《岁寒集》。

萧韩家奴，契丹族著名文学家，仕辽圣宗、辽兴宗两朝，曾翻译《通历》《贞观政要》《五代史》，著有《四时逸乐赋》及《六义集》12篇。

耶律韩留，仲父房皇族人，仕辽圣宗、辽兴宗两朝，官至北面林牙，擅长诗词，著有《述怀诗》。

耶律良，契丹族，仕辽兴宗、辽道宗两朝，官至汉人行宫都部署、知南院枢密使事，为辽道宗诗友，倡议、结集辽道宗诗集《清宁集》；著有《秋游赋》《捕鱼赋》及诗集《庆会集》，辽道宗为其诗集作序。

耶律庶成，季父房皇族人，仕辽兴宗、辽道宗两朝，官至枢密直学士，主持修编《新定条制》《辽皇朝实录》《礼书》等；擅长诗词，著有《四时逸乐赋》。

耶律庶箴，耶律庶成之弟，仕辽兴宗、辽道宗两朝，官至都林牙，著有《戒喻诗》。

耶律孟简，六院皇族人，仕辽道宗、辽天祚帝两朝，官至昭德军节度使，6岁时便作有《晓天星月诗》；辽道宗朝受耶律乙辛

迫害被流放外地，听到太子耶律浚被耶律乙辛杀害后，悲愤之余作《放怀诗》20首。

辽代诗词深受唐、宋诗词影响，特别是宋廷派往辽廷的使臣，多是一些能诗善文的大家，对契丹人的影响极大，辽代社会中甚至出现了"追星族"，争着抢着索要宋朝著名诗词人物的诗词，而苏轼无疑又是最红的诗人。

辽大安五年（1089年），苏轼的诗集《眉山集》刚刚刊印不久，其弟苏辙出使辽廷，就已经看到契丹人在翻印《眉山集》了。由此可见苏轼在辽朝的"红火"程度。

苏辙到辽廷后，有人知道他是苏轼的弟弟，便纷纷向他打听其兄苏轼的情况。苏辙在惊异之余，便写了一首诗寄给兄长。

谁将家集到燕都？识底人人问大苏。

莫把声名动蛮貊，恐妨谈笑卧江湖。

据说苏轼有一次在汴京被出使宋廷的辽使看到，便追至其居所，大声朗读苏轼的文章，一遍一遍地读起来没完，非要见一见苏轼的"真颜"不可。

契丹人羡慕宋人的诗词，宋人也没有忘记契丹的风土人情，在契丹辽王朝被金国灭亡多年后，南宋词人姜夔创作的《契丹风土歌》影响深远，成为后人了解契丹风土人情的重要文献。

> 契丹家住云沙中，毳车如水马若龙。
>
> 春来草色一万里，芍药牡丹相间红。
>
> 大胡牵车小胡舞，弹胡琵琶调胡女。
>
> 一春浪荡不归家，自有穹庐障风雨。
>
> 平沙软草天鹅肥，胡儿千骑晓打围。
>
> 皂旗低昂围渐急，惊作羊角凌空飞。
>
> 海东健鹘健如许，韝上风生看一举。
>
> 万里追奔未可知，划见纷纷落毛羽。
>
> 平章俊味天下无，年年海上驱群胡。
>
> 一鹅先得金百两，天使走送贤王庐。
>
> 天鹅之飞铁为翼，射生小儿空看得。
>
> 腹中惊怪有新姜，元是江南经宿食。

姜夔（约1155—约1221年），南宋词人，根据契丹人萧总管介绍契丹风土人情素材创作此诗，由此《全辽文》将这首诗的作者署名为萧总管。

这首《契丹风土歌》把契丹人四季转徙，逐水草以居，游猎以生，草原风光和歌舞行乐的生活场面展现在世人面前。在契丹辽王朝灭亡多年之后，宋人还能写出这样的诗来，可见契丹的风土人情，对宋人有着深远的影响。

据有关资料统计，辽诗存至现今的数量很少，大致有 70 首，其中绝大部分为辽圣宗、辽兴宗、辽道宗三朝，即辽宋签订"澶渊之盟"后一百余年间的作品。窥斑知豹，说明辽代诗词是随着契丹辽王朝的兴盛而达到鼎盛的，这些诗篇无疑是中华文化百花园中的瑰宝，与宋人使辽诗一样，是辽宋和好的产物，是中华民族交流融合共同发展进步的结晶。

6. 萨满、佛、道并盛

宗教是人类社会发展到一定历史阶段的产物，在科学尚不发达的封建社会里，宗教是人们的精神支柱，直接影响着人们的世界观和思维方式，往往成为统治者们统治人民的工具。契丹辽王朝自然也不例外，由于契丹统治者们带头信奉宗教，契丹社会萨满、佛、道等多教并行，并逐渐达到鼎盛，使辽王朝成为当时东亚宗教中心。

萨满教

契丹族与中国北方游牧民族一样，全民信奉萨满教。所谓的萨满教，是一种原始的宗教形态，萨满以异常的精神状态，与超自然直接沟通，完成萨满的职能。通俗一点讲，萨满是人与神之间的中介，可以把人的祈求转达给神，把神的旨意转达给人。再通俗一点说，萨满是封建社会里的巫师，如当今社会上的"大仙""跳大神"一类人物，通过跳神活动来完成人与神之间的沟通。

萨满教起源于生产力比较低下的母系氏族社会，基本内容是祖先崇拜、鬼神崇拜、自然力和自然物崇拜，对自然力的最高崇拜是天与地，认为一切万物都是天与地赐予的，一切活动都是天意使然。

终辽一世，不论是辽帝后，还是普通百姓，日常活动中随处可见萨满教的踪影。

辽廷帝后经常举行"拜日仪"、"祭山仪"（主要是祭祀木叶山和黑山）、"瑟瑟仪"（一种祈雨仪式）、"再生仪"（纪念本命年仪式，源于女性崇拜，现在我国北方人本命年系红腰带、穿红裤头、红袜和红衣服、避星的习俗就源于契丹人的再生仪）、"柴册仪"（即位仪式）、告庙仪、谒庙仪、拜陵仪（祭祀祖先灵位、陵墓仪式）、岁除仪（除夕祭祀火神仪式，我国北方除夕祭灶习俗即源于此）等等。辽帝在亲自率军出征时也要举行祭祀仪式，称为"皇帝亲征仪"，先祭祀三神：先帝、路神、军神，次杀青牛白马祭祀天、地。辽帝行猎时要举行猎仪，一般是在每年的农历十二月，打猎的前一日，辽帝、皇后烧香拜日、有关臣僚进酒肉等等。在以上诸仪式中，萨满都扮演重要角色。

辽天赞四年（925年），辽太祖西征结束准备东征渤海国，诸大臣意见不统一，有一天他在射猎时猎得一条"黄龙"，指着"黄龙"对大臣们说道："吾欲伐渤海国，众计未定而龙见（现）吾前，吾能杀之，是灭渤海之兆也。"于是统一了大臣们的思想，并最终灭亡了渤海国。

辽天显十一年（936年），辽太宗在率军南下援助石敬瑭的前几天，有一只大鸟从天上掉下来摔死，辽太宗说道："此丛珂（后唐皇帝）自灭之兆也！"

辽天禄四年（950年10月），辽世宗率兵南下抢掠河北安平、内丘、束鹿等地时，突然发生了月食。契丹人马以为是自己的烧杀抢掠行为惹怒了天神，心里都很害怕，辽世宗更是急忙下令停止抢掠，撤军返回了南京（今北京市）。回到南京后，辽世宗心里仍不踏实，思前想后，觉得应该主动与中原的后汉政权和好，以取得天神的宽恕，便主动派使臣到汴京，与后汉政权和好。

契丹人相信鬼神的存在，遇到旋风时以为是鬼神发怒，急忙闭上眼睛，对着旋风吐唾沫，口中念"坤不刻"七声，"坤不刻"是契丹语，汉语为"鬼风"之意（我国北方人如今仍有此习俗），遇到月食时，则对之吐唾沫，然后背对着月亮坐等等。

由于契丹全民信奉萨满教，因此"巫卜"在契丹也非常盛行，《辽史》还特意为占卜者立了传。

魏璘原来在后晋汴京（今河南省开封市）居住，辽太宗灭亡后晋（石敬瑭所建）进入汴京后知其善于占卜，于是将他带回契丹（947年），魏璘又以善卜而名于契丹。辽天禄五年（951年），

察割在叛乱夺权前曾找到他占卜，魏璘说："大王之数，得一日矣，宜慎之！"察割在火神淀叛乱杀死辽世宗后，果然只当了不到一天的皇帝便被诛杀。辽应历九年（959年）后周世宗柴荣发兵北伐收复燕云十六州，辽穆宗找到魏璘占卜胜负，魏璘说："周姓柴也，燕分火也。柴入火，必焚。"果然，柴荣攻取三关后便得了重病，返回汴京不久便病逝。齐王耶律罨撒葛（辽穆宗胞弟）在辽穆宗朝末也找到魏璘占卜，想算一算自己什么时候能当上皇帝，结果事泄，耶律罨撒葛被罚到西北戍边从而失去了夺取皇权的机会，魏璘被流放在乌古部。当时有人送给乌古部首领两条鲤鱼，乌古部首领知道魏璘善于占卜，便让魏璘占卜，问他什么时候可以吃这两条鱼，魏璘寻思半晌说，你和属下不出今日就有灾祸，还有心思吃鱼？乌古部首领不信，命人煮鱼，结果鱼没等煮熟便来了一伙强盗，将乌古部首领及属下全部杀死，魏璘也同时遇害。

当然，在阶级社会里，宗教往往与政治捆在一起，成为统治者统治人民的工具，辽朝统治者们自然也不会放弃这一工具，辽太祖与述律平夫妻无疑又是这方面的高手。

有研究者认为，契丹族白马青牛族源传说，便是辽太祖和皇后述律平为了神化自己而编纂的一个神话故事，目的是为了让契丹八部听命于自己的统治。故事中骑白马的神人就是辽太祖，驾青牛车的天女则是述律平，此事是否属实还有待于进一步研究。不过，辽太祖在攫取契丹汗位的过程中利用萨满教来神化自己确是事实。

辽太祖攫取契丹汗权的过程中，有一个"龙赐金佩"的故事，说辽太祖有一个叫铎骨札的从兄，发现自己帐下有蛇鸣叫，辽太祖命懂蛇语的萨满神速姑前去听一听蛇在说什么，神速姑听了蛇鸣后说，蛇说旁边的树中有金。辽太祖命人去取果然得一块金，

再命人制成金带，取名为"龙赐金佩"，佩戴在身上，成为辽太祖为神人的标签。

述律平更是神化方面的高手，她不仅参与了丈夫"神化"活动，同时也为自己编了一个神话故事，说她曾经到潢水与土河交汇处游玩，有一青牛妪（暗示驾青牛车的天女）见到她慌忙避路，借此把自己标榜为天女都敬畏的神人。述律平在平时生活中，也常常盘腿大坐在榻上，接受姑母姨妈等长辈的跪拜，并解释说自己只拜天不拜人，从而把自己标榜为神人。辽太祖病逝后，她为了废掉太子耶律倍，让次子耶律德光继承皇权，更是编纂了一个"神人与十二异兽"的故事来神化次子耶律德光。

辽太祖代遥辇氏为契丹可汗后，便给自己上尊号为天皇帝，册妻子述律平为地皇后，夫妻两人一个占天一个占地，而契丹人对自然力的最高崇拜便是天与地。从中不难看出，辽太祖与述律平已经完全把自己神化了。

辽太宗更是从父皇母后那里学到了神化真谛，其利用宗教的手段，丝毫也不比父皇母后差。当年，石敬瑭为了攫取中原皇权，以割让燕云十六州、向契丹称儿纳贡为条件结契丹为外援。辽太宗为了争取母后述律平同意自己率兵南下，也编了一个"神人与十二异兽"的梦，以母后之矛攻母后之盾，从而说服母后同意出兵南下；同时他又搬出辽太祖，说契丹出兵南下是太祖皇帝的旨意，从而又说服诸部酋长，拿到了出兵南下的通行证，并最终灭亡后唐，将燕云十六州划入契丹版图。接下来，辽太宗兴犹未尽，在从中原返回契丹途经幽州参观大悲阁时，指着一座白衣观音像说："我梦见令我帮助石郎(石敬瑭)当中原皇帝的神人，就是这位'神人'。"（《辽史》）随后命人把白衣观音像移至木叶山，建兴王寺供奉，春秋时祭，尊为家神。由此可见，辽太宗利用宗教的手段，已经

到了炉火纯青的地步。

　　由于萨满教是多神崇拜，容易造成意识形态领域的混乱，不利于统治者统一人们的思想，因此辽太祖开国称帝后便开始在国内传播佛教。

佛教

佛教是唐末随汉人进入契丹社会的，其教义与萨满教差不多，但其完整的天堂地狱之说，更容易麻痹人们的思想，因此一经进入契丹社会，便受到契丹统治者们的青睐。

辽太祖在建筑龙化州城的同时，便在城内建筑了开教寺（902年），这也是《辽史》记载契丹本土出现最早的寺庙。辽太祖六年（912年），辽太祖率兵攻掠两冶，俘获崇文等50名僧人，带回西楼（今巴林左旗林东镇）建天难寺（寺院地址位于今巴林左旗辽上京遗址内石人处），这是《辽史》记载辽上京地区出现最早的寺庙。辽神册三年（918年），辽太祖在建筑皇都城的同时，下诏"建孔子庙、佛寺、道观"。

辽太宗崇尚佛教，屡访寺庙，佛教在辽代社会进一步得到发展。辽会同元年（938年），燕云十六州归属契丹，佛教在契丹本土广

泛传播开来。辽太宗在皇城南"别作一城，以实汉人，名曰汉城，城中有佛寺三，僧尼千人"。辽太宗"幸幽州大悲阁，迁白衣观音像，建庙于木叶山，尊为家神。于拜山仪过树之后，增'诣菩萨堂仪'一节，然后拜神"。

辽穆宗应历二年（952年），"以生日，饭僧"。

辽景宗保宁六年（974年），"以沙门昭敏为三京诸道僧尼都总管，加兼侍中"。

辽廷诸帝崇信佛教，尤以辽圣宗、辽兴宗、辽道宗三朝为最。辽圣宗"道释二教，皆洞其旨"。辽圣宗小字文殊奴、辽圣宗齐天皇后小字菩萨哥、辽圣宗外甥女萧观音（辽道宗皇后），这些名或字显然都与佛教有关系。辽兴宗"数变服入酒肆、佛寺、道观"，

"又重浮屠法，僧有正拜三公、三师兼政事令者，凡二十人"，"幸佛寺受戒"，"与皇太后素服，饭僧于延寿、悯忠、三学三寺"。

辽道宗无疑是辽廷诸帝中崇信佛教的冠军，这一方面是受先皇们的熏陶，另一方面当与其杀妻灭子有关系。当耶律乙辛的奸佞之相暴露后，辽道宗肯定对自己的所作所为有所后悔，但世上没有后悔药，只好烧香拜佛来赎罪了。

辽道宗允许佛道僧徒随便出入皇宫大内讲经做法事，久而久之，这些佛道僧徒不满足于到皇宫大内讲经做法事了，而是跟随皇帝行动，到皇帝的行在算卦卜祸福，以至于辽道宗不得不下诏"禁止僧人尼姑私自到皇帝行宫，妄谈祸福，骗取财物"。如果不是僧徒道人尼姑为患，笃信佛教的辽道宗怎么会张开"金口"亲自过问此事呢？

不难想象，辽道宗朝的皇宫大内、行宫所在，经常木鱼声声，香烟袅袅，一派佛道景象。

辽道宗还在每年的夏季与五京僧徒及群臣举行法会，谈经论道；在全国颁行《御制华严经赞》；亲手抄写《华严经五颂》给群臣传阅；出版佛经集《契丹藏》等。

在皇帝的带动下，皇亲贵戚、大臣们自然也不甘落后。于越耶律仁先的妻子郑氏曾在辽南京建造千佛塔（地址位于今北京市石景山区八大处灵光寺内）；辽圣宗与萧耨斤的长女耶律岩母堇，曾把自己在南京的宅院捐献出来作为寺院，辽道宗还亲赐寺名为"竹林寺"；辽圣宗与萧耨斤的次女耶律槊古（萧观音母亲），也把自己的宅院捐出来，建了大昊天寺等；诸州县的政府官员们也都不甘落后，纷纷效仿，甚至把敬佛崇道当作政绩，从而使辽王朝出现了"一岁而饭僧三十六万，一日而祝发三千"的佛教壮举。

北宋使臣苏颂出使辽廷时曾到过辽中京（今赤峰市宁城县），

有感当地景物赋诗一首："塔庙奚山麓，乘轺偶共登；青松如拱揖，栋宇欲骞腾；夷礼多依佛，居人亦贵僧；纵观无限意，纪述恨无能。"从诗中不难看出，苏颂在辽中京感触最深的并不是繁华的中京城，而是辽中京地区的寺庙和佛塔，佛教在辽朝社会的盛行程度可见一斑。

由于辽廷帝后带头信奉佛教，从而使辽朝成为一个崇佛的王朝，以华严宗、密宗、慈恩宗为主，律宗、净土宗、禅宗等佛教宗派都很盛行。

崇佛自然少不了僧人，辽会同五年（942年），辽太宗"闻皇太后（述律平）不豫……幸菩萨堂，饭僧五万人"；辽统和四年（986年），辽圣宗又以杀敌多，"诏上京开龙寺建佛事一月，饭僧万人"；辽代高僧鲜演兄弟7人中有6人出家为僧；辽道宗朝契丹社会有"一岁而饭僧三十六万，一日而祝发三千"的"佛教热"等等。据不完全统计，辽王朝佛教最盛时，僧人达数十万之众。

有僧人自然就要有寺院，根据《辽史》及出土文物记载，光辽上京地区有名的辽代寺院就达20余处。辽上京城内至少有寺院6处，其中天雄寺是辽太祖建、安国寺是辽太宗建，崇孝寺是萧燕燕建等等。时至今日，赤峰市巴林左旗地区的真寂之寺（建于辽朝中、后期）、辽宁锦州地区的奉国寺（建于辽圣宗朝）、天津地区的独乐寺（重建于辽圣宗朝）、北京地区的戒台寺（扩建于辽道宗朝）、大觉寺（始建于辽代）等辽代寺院，历经千年风霜，仍然在向世人诉说着辽代佛教往事。

有寺院自然就有佛塔，据不完全统计，现在中国北部仍然存有辽代佛塔 100 余座。其中，山西应县木塔建于辽道宗清宁二年（1056 年），塔高 67.31 米，底层直径 30.27 米，总重量约 7400 吨，与法国的埃菲尔铁塔和意大利的比萨斜塔并称为"世界三大奇塔"；辽中京大明塔建于辽道宗寿昌四年（1098 年），塔高 80.22 米，周长 112 米，直径为 36.6 米，就塔高而言是我国现存第三高塔，就体积来说是我国目前所存塔体积最大者。往事越千年，辽代的

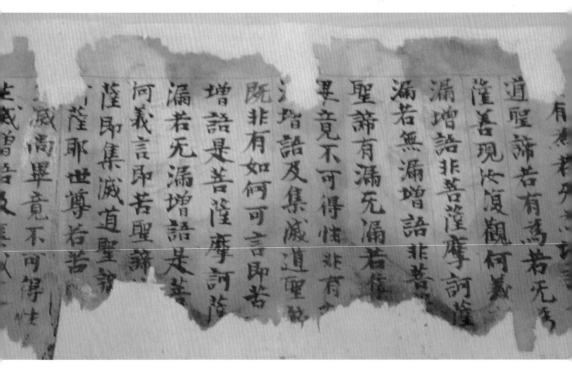

众多建筑、遗迹、遗址都已荡然无存，只有这些辽代佛塔巍然屹立于大地上，这些佛塔不仅是辽代佛教兴盛的标志，而且是辽代人智慧的结晶和建筑奇迹。

佛教兴盛，僧人自然就有崇高的社会地位，僧人出仕为官、参与国家军政、享受国家津贴者自然也就不乏其人。辽兴宗一朝，

僧人为三公、三师兼政事令者就有 20 多人，以至于一些贵戚望族
多舍男女为僧尼，以期借此出仕为官。辽道宗时常将僧人带在身
边讨论佛学、咨询国政。辽道宗、辽天祚帝两朝高僧鲜演曾被授
予崇禄大夫、检校太保、加特进阶、守太保、迁特进、守太傅等职。
鲜演出家为僧的弟弟、没有出家的弟弟、侄子、与他有关联的人
等都因为他而得以出仕为官，就连已经离世的父母也得到了追封。

辽兴宗朝高僧思孝被赐崇禄大夫、守司空、辅国大师等等。

辽代的佛教著作也成就斐然，其中最重要的成果是刻印《契丹藏》，刻于辽圣宗朝，历辽兴宗朝，完工于辽道宗朝前期（1063年）。佛学研究的代表作是辽圣宗朝高僧行均所著《龙龛手鉴》（原名《龙龛手镜》）。

根据有关史籍及石刻资料，辽代的佛教研究著作还有辽圣宗朝高僧诠明著《上生经疏科文》《成唯识论述记应新抄科文》《法华经玄赞会古通今新抄》；辽兴宗朝高僧思孝著《大花严经钞玄谈逐难科》《大花严经修慈分疏》《略抄》；辽兴宗、辽道宗两朝高僧觉宛著《大日经义释演密钞》；辽道宗朝高僧鲜演著《仁王护国经融通疏》《菩萨戒纂要疏》《唯识论掇奇提异钞》《花严经玄谈决择记》《摩诃衍论显正疏》《菩萨心戒》《诸经戒本》等等。这些佛教研究著作不仅对当时的高丽、西夏、日本、宋朝等邻邦产生影响，而且对后世也有深远的影响。

时至今日，当我们为辽王朝灭亡、契丹人消失、契丹辽文化遗迹和遗址无存而扼腕叹息时，辽代佛教艺术的遗存却历经千年风霜，依然以各种形式屹立在中国北部。正因为此故，有辽史研究者认为，辽朝最繁荣、最值得记忆的是历经十个世纪遗存至今的佛学；甚至有辽史研究者认为，十世纪至十二世纪，世界佛教文化中心在东亚，而东亚佛教文化中心在辽帝国而不在宋。

道教

道教是中国固有的一种宗教，创立于东汉时期（佛教也是东汉时期传入我国，对道教的产生有一定的影响），源于中国古代的自然崇拜、鬼神崇拜、祖先崇拜等原始宗教（其鼻祖是黄帝和老子即李耳、老聃），是对中国古代"天人合一"思想的提炼和升华。

道教与佛教同时进入契丹社会，因其与契丹原始的萨满教都以自然崇拜、鬼神崇拜和祖先崇拜为主要内容，两者有着密切的内在联系，因此一经进入契丹社会，便被契丹人所接受，同样受到契丹统治者们的青睐。

　　道教认为"道"是宇宙之根，万物之源，宇宙有天、地、人"三才"，天有日、月、星"三光"。辽太祖不仅对此"三才""三光"思想颇有研究，而且还付诸实践。他在担任契丹可汗后，抛弃契丹汗国原有的可汗称号不用，称自己为天皇帝，妻子述律平为地皇后。开国称帝后给自己上尊号曰大圣大明天皇帝，给妻子述律平上尊号曰应天大明地皇后。灭亡渤海国建立东丹国后，又册封长子耶律倍为东丹国人皇王。至此，夫妻子三人的尊号正合道教的天（皇帝）、地（皇后）、人（皇王）"三才"。辽太祖将自己与妻子述律平的宴寝之所取名为日月宫，皇都城北门取名为拱辰门，又合了道教的日、月、星（北辰即北极星）"三光"。

　　辽神册三年（918年），辽太祖在建筑皇都城的同时下诏"建孔子庙、佛寺、道观"，说明道教与佛教一样，在契丹建国初期便已进入契丹社会并受到契丹统治者们的青睐。

　　辽世宗天禄年间（947—950年），后晋降臣胡峤在辽上京城内见到"有绫锦诸工作、宦者、翰林、伎术、教坊、角抵、儒、僧尼、道士"，说明至辽世宗朝时道教在契丹社会有了一定的发展。

　　辽圣宗对道教颇有研究，"道、释二教，皆洞其旨"。辽太平元年（1021年），"幸通天观，观鱼龙曼衍之戏，翌日，再幸"；辽太平五年（1025年），以"道士冯若谷加太子中允"。

　　辽圣宗三弟耶律隆裕"自少时慕道，见道士则喜。后为东京留守，崇建宫观，备极辉丽，东西两廊，中建正殿，接连数百间。又别置道院，延接道流，诵经宣醮，用素馔荐献，中京往往化之"。

辽兴宗更是对道教情有独钟，不仅与道士交朋友，而且还授予亲信的道士高官，"如王纲、姚景熙、冯立辈皆道流中人，曾遇帝于微行，后皆任显官"。辽兴宗经常出入道观尼姑庵，把佛道界朋友邀请到内宫喝酒作乐。"尝夜宴，与刘四端兄弟、王纲入伶人乐队，命后妃易衣为女道士"。

辽道宗自然也信奉道教，其死后庙号"道宗"，显然与宗教有关系，有可能就与道教有关。

辽廷皇帝如此解放思想，社会也更加开放，甚至出现了一座塔上兼有佛、道人物塑像的有趣现象。

塔是寺院的标志性建筑，也是佛教的象征，因此被称为佛塔，用以保存佛舍利、佛经卷、佛祖遗骨等与佛教有关的物件，塔身上也多雕刻一些佛教人物和故事等等。从这一点来说，佛塔与道教是没有什么关联的。但是，由于契丹社会佛道并行，辽代佛塔身上竟然出现了道教人物塑像。

辽上京无疑是辽王朝经济最为繁华的地区，当然也是宗教最为兴盛地区，如今辽上京城遗址南北小山之上还各矗立着一座辽塔，被称为辽上京南、北塔。其中，辽上京南塔是辽代开悟寺内之佛舍利塔，坐落在辽上京城址南七公里的土龙山上，为八角七层密檐式砖塔，现高 25 米。

据考古推测，辽上京南塔建筑于辽太宗年间（937 年），属于辽早期佛教建筑。南塔塔身塑像是雕刻与镶嵌相结合，在众多的佛教人物塑像之中，竟然镶嵌着一尊道教人物的塑像，从而成为一大奇观。此道教人物塑像位于塔身西南隅，束发高冠，三绺长髯，着开领长衫，长裙曳地，屈膝坐于高台之上，双足各踏一朵祥云，左手按在左膝上，右手抬至胸部，做剑指状。

佛塔之上出现道教人物塑像着实让人匪夷所思，或是辽朝皇

帝特批，或是某一时期契丹人对道教的信仰高于对佛教的信仰，或是其他的什么原因。不过，不论是什么原因，辽上京南塔佛教和道教人物塑像并存，都是辽朝佛道二教并行的最好佐证，从中也不难看出辽朝佛道二教是何等的兴盛。

一般来说，宗教具有排他性，信奉某一种宗教的人，对其他宗教往往都采取排斥的态度，但是在辽代社会，萨满、佛、道等宗教并行各有其市，这不能不说是辽王朝的一大奇观。但是，凡事都是有度的，一旦超过了度，事物就会发生质的变化。

辽道宗朝佛道僧徒达数十万之众，这些佛道僧徒的生存就成为社会的一大问题。首先，庞大的佛道僧徒队伍需要有住的地方，自然要建筑寺庙、塔刹，而建筑寺庙、塔刹需要花费大量的资金，由于僧徒没有太多的劳动收入，这些资金主要来源于各级政府财政和民间施舍（捐助）。其次，数十万的僧徒每天都要吃饭，而僧徒们又多为不劳而食，粮食多靠各级政府拨给和民

间捐助，同样给社会造成负担。其三，由于辽廷皇帝敬佛崇道，民间自然也都信奉佛道，一些百姓、特别是一些贵族，慷慨解囊，甚至把自己田宅捐赠给寺院，而寺院掌握了大量土地后，僧徒们并不亲自耕种，而是把土地反租给百姓，僧徒们坐享其成。

除此而外，一些贵族还把自己的奴仆施舍给寺院，成为寺院的奴仆；一些寺院和僧徒还向民间放高利贷，多重剥削百姓。久而久之，造成了寺院与民间的矛盾，寺院与民间因土地和借贷发生纠纷的案件时有发生，成为辽代社会的一个不稳定因素。

简而言之，由于辽朝皇帝笃信佛道，致使辽代社会佛道盛行，产生了一个庞大的僧徒阶层，至辽道宗朝辽代社会僧徒已达数十万之众，从而成为辽代社会的一大公害，在某种程度上，加速了契丹辽王朝的衰亡。

后　记

　　生于辽上京故地，注定与契丹人有缘。每当看到契丹人留下的迹印，想起契丹人的故事，心里就会产生一种冲动，久而久之便有了一个心愿，应该为契丹人写点什么。

　　几年伏案下来，相继撰写出版了《契丹大帝耶律阿保机》《大漠罡风》《契丹大辽九帝》《走进千年辽上京》《辽上京契丹记忆》等作品。但每每想起契丹人对中华国家、中华民族、中华文化乃至世界文明所做出的历史性贡献，心里仍难以释怀，于是又撰写了《揭秘契丹辽王朝》系列丛书。

　　诚然，契丹人历史厚重，一部或几部书稿是难以全面记述契丹人历史的。但作为辽上京故地的人，有责任发掘和宣传契丹辽文化，让更多的人了解契丹人的故事和契丹辽王朝历史。这里毕竟是契丹辽王朝耶律氏皇族祖源地、发祥地，是契丹辽王朝200余年故都，是契丹辽文化发源地，是契丹人遗迹最密集、最丰富的地区。千年前的辽上京值得辽上京故地人自豪和骄傲，由此这里的人是不应该忘记契丹人历史的。

刘浩然大学毕业后，考入黑龙江省齐齐哈尔市文化广电新闻出版局工作，受家庭及职业影响，参与了《走进千年辽上京》及本书稿的写作。

本书在收集资料过程中，得到赤峰市各旗县区档案、文博部门的支持和帮助；内蒙古人民出版社多年来对作者作品的关注和出版方面的大力支持，给了作者坚持写作契丹辽史读物的信心和动力，在此谨致最诚挚的谢意。

在本书付梓之际，余兴作一首《契丹歌》与读者共飨。

潢水涟漪青牛欢，土河波涌白马翩；
两河知意龙庭会，木叶情动诞契丹。
追宗溯祖乃黄炎，鲜卑仙洞重涅槃；
奇首八子分八部，棋布松漠尤辽源。
隋唐相继兴中原，大贺汗府潢水边；
营州兵变八部衰，遥辇图强又百年。
群雄五代逐中原，耶律勃兴木叶山；
开国临潢都西楼，奠定辽基二百年。
挥戈北疆扫阴山，驰马西鄙戈壁滩；
海东盛国成旧事，马踏汗城建东丹。
立马草原统北疆，仿效中原书华章；
开皇殿内宴群胡，诸酋拱围天皇王。
西楼断腕择新王，汴京皇位更迭忙；
石郎许下燕云地，太行山上收儿皇。
改号大辽国势强，长城内外称辽王；
设置三京仿汉章，蕃汉兼治契丹昌。

皇孙负心自称王，扬鞭走马进汴梁；

入主晋宫百官贺，改晋为辽创辉煌。

蕃法施汉政难长，北返途中更新皇；

改革旧弊施新政，诸酋异心易睡王。

赵宋代周主中原，契丹英后掌航船；

社会改革图自强，盛世大辽享百年。

兄弟一家不计嫌，两军阵前传和言；

澶渊城下订盟约，南北共享太平年。

因俗而治官北南，并行蕃语和汉言；

唐令蕃法相兼行，胡人汉儿共家园。

五京如珠镶北疆，春水秋山四时忙；

鸭河垂钩头鱼宴，赤山纵马猎虎王。

百花盛开春草原，牛羊游弋绿草间；

驼车逐水移旧帐，胡笳伴酒合家欢。

穹庐相间版筑房，宜农宜牧天久长；

汉儿农耕胡游牧，五谷丰登肥牛羊。

学唐比宋诗百篇，南来北往报平安；

符节尘落庐帐暖，兄吟弟和把酒欢。

崇儒笃释全民虔，孔庙佛寺五京全；

一日祝发僧三千，一岁饭僧卅六万。

驼铃声碎伴胡杨，欧亚商贾丝路忙；

鸡壶菊酒马鞍醉，万国来朝拜辽皇。

十世契丹兴北疆，华夏同心谱华章；

九帝一脉享国祚，国泰民安百年昌。

树生虫病叶自黄，国滋奢腐运难长；

一朝女真东起兵，百年盛国顷刻亡。

东迁西走心彷徨，西域立国再图强；

相传五帝国百年，契丹复兴威名扬。

月满盈亏律自然，固堤防溃亦非难；

古来兴亡多少事，非是天道人使然。

契丹一去不复还，辽都日久风残垣；

辽塔随风叙旧事，辽河放歌谱新篇。

回首往事越千年，尔辈无需叹契丹；

人去迹留风犹在，其气就存你我间。

作　者

2016 年 5 月 30 日于辽上京遗址

主要参考资料

1. 脱脱等著：《辽史》

2. 叶隆礼著：《契丹国志》

3. 司马光著：《资治通鉴》

4. 毕沅著：《续资治通鉴》

5. 薛居正等著：《旧五代史》

6. 欧阳修著：《新五代史》

7. 马大正主编：《中国边疆经略史》

8. 瞿林东主编：《辽史、金史、元史研究》

9. 李锡厚著：《中国历史·辽史》

10. 李桂芝著：《辽金简史》

11. 赵云田主编：《北疆通史》

12. 谭其骧主编、张修桂、赖青寿编著：《辽史地理志汇释》

13. 谭其骧主编：《简明中国历史地图集》

14. 王善军著：《世家大族与辽代社会》

15. 沈起炜著：《五代史话》

16. 黄斌著：《大辽国史话》

17. 孟凡云、陶玉坤著：《辽代后妃参政现象考略》

18. 何天明著：《辽代政权机构史稿》

19. 李锡厚著：《临潢集》

20. 林干著：《东胡史》

21. 林干著：《中国古代北方民族通论》

22. 漆侠主编：《辽宋西夏金代通史》

23. 齐作声编著：《辽代墓志疏证》

24. 刘浦江著：《松漠之间》

25. 张晶著：《辽金元诗歌史论》

26. 李强著：《辽太祖阿保机的耶律家族》

27. 王玉亭主编：《辽上京研究论文选》

28. 《首届辽上京契丹·辽文化学术研讨会论文集》（2008.10 林东）

29. 《中韩第三届"宋辽夏金元史"国际学术研讨会论文集》（2009．8 林东）

30. 《契丹学国际学术研究会会议论文集》（2012．8 赤峰）

31. 景爱主编：《地域性辽金史研究》（第一辑）

32. 李品清主编：《阜新辽金史研究》（第五辑）

33. 余蔚著：《中国行政区划通史》（辽金卷）

34. 张久和编著：《辽夏金元史徵·辽朝卷》

35. 杨军著：《契丹开国皇后》

36. 李义、胡廷荣编著：《宋人使辽诗与行记校注考》

37. 冯永谦、孙文政主编：《辽金史论集》（第十一辑）

38. 顾宏义著：《辽宫英后》